RÉFUTATION

DE L'ÉCRIT INTITULÉ

HISTOIRE DE L'ESPRIT RÉVOLUTIONNAIRE DES NOBLES EN FRANCE;

ACCOMPAGNÉE

De Réflexions sur *certains* Faits contestés de l'histoire de France, et sur *certaines* Maximes dangereuses de la philosophie moderne.

La tranquillité règne dans mon royaume; je ne souffrirai point qu'il soit porté atteinte aux droits établis par la charte. (*Paroles du roi.*)

PAR M. DE M***.

A PARIS,

Chez LENORMAND, Libraire, quai Conti, n° 5.
DELAUNAY, PÉLICIER, Libraires au Palais-Royal.
DELONGCHAMPS, rue Saint-André-des-Arcs, n° 36.

1819.

AVERTISSEMENT.

Cette Réfutation était achevée quelques jours après l'apparition du volumineux écrit qu'elle concerne. Dans la chaleur du sentiment pénible que la lecture de cet écrit m'avait fait éprouver, j'avais pensé que la réfutation pourrait peut-être produire quelque bien; mais par réflexion, persuadé que l'ouvrage qu'elle combat n'était point susceptible, par la manière dont il est conçu et exécuté, de produire aucun effet pernicieux; qu'il serait condamné, par l'opinion des gens sensés, à s'ensevelir dans l'obscurité, et que le réfuter, ce serait peut-être lui donner un degré d'importance qu'il ne mérite point, j'avais oublié l'écrit et sa réfutation. Mais des observations judicieuses, insérées dans le 42e numéro du Spectateur, et dont je donne la substance, m'ont déterminé à livrer cette réfutation à l'impression, et au jugement du public éclairé. La vérité n'existe pour les hommes que par la contradiction. Ce principe est la base de la philosophie qui ne connaît que le résultat des discussions complètes; de la justice qui ne veut condamner personne sans l'entendre; de la législation dans les gouvernemens constitutionnels, où tous les intérêts doivent être représentés et admis à plaider leur cause. L'opinion publique ne s'éclaire que par des jugemens, et des jugemens sont des comparaisons. Or quelle comparaison y a-t-il à faire pour celui qui dans toutes les questions ne voit qu'un seul côté? Qui n'entend qu'un, n'entend rien, dit le proverbe. Il faut donc que sur les objets qui occupent l'opinion publique, chacun, autant que possible, entende le pour et le contre, surtout lorsqu'il s'agit de faits historiques. Outre ces motifs de bien public, j'y suis encore plus puissamment déterminé par l'acharnement et l'espèce de rage avec lesquels certains écrivains de parti annoncent vouloir attaquer une institution si explicitement garantie par la charte. Je souhaite que ces observations puissent ramener à des sentimens modérés, ceux que de méchans écrits ont pu égarer un moment, et tempérer l'atrabile de ces hommes envieux, qui se font un mérite et un but de leur exagération.

RÉFUTATION

DE L'ÉCRIT INTITULÉ

HISTOIRE
DE L'ESPRIT RÉVOLUTIONNAIRE
DES NOBLES EN FRANCE;

ACCOMPAGNÉE

De Réflexions sur certains Faits contestés de l'histoire de France, et sur certaines Maximes dangereuses de la philosophie moderne.

Il semblait que tout avait été dit et prouvé suffisamment pour mettre désormais la noblesse à l'abri des traits de l'envie. Un pacte commun à tous les Français, la charte, avait consacré, par une sanction solennelle, une institution qui conciliait les anciens et les nouveaux services, et que l'opinion publique, l'honneur de la patrie, les souhaits des gens de bien, l'oubli de toutes prétentions anciennes, la renonciation franche et loyale à tous privilèges, devaient protéger contre les imputations de la calomnie. La noblesse enfin commençait une ère nouvelle sous la protection de cette charte qui devient son palladium. La noblesse ancienne sacrifiait au bonheur public le souvenir des souffrances inouies qu'elle avait éprouvées; la nouvelle cimentait, par des rapports honorables à l'une et à l'autre, des sentimens communs de gloire dirigés vers le bien public; et il se trouve encore des gens assez injustes pour chercher à soulever les racines de cette institution entée dans la charte.

Considérée comme institution, la noblesse doit être fondée sur la vertu, sur l'honneur, sur tous les principes qui en dérivent : faut-il s'étonner qu'elle soit attaquée, poursuivie avec tant d'acharnement jusque dans le sanctuaire qu'elle croyait inviolable ? Quels sont donc ses ennemis ? Ne croyez point que la majorité des Français prête la main à cette hostilité ; ces ennemis de la noblesse se trouvent dans cette secte qui fonde l'accomplissement de ses projets sur la destruction de la religion, et de tous les principes qui constituent la sûreté et la tranquillité des empires ; dans cette secte qui peuple la surface du globe de ses émissaires ; dans cette secte enfin dont aucun Hercule n'a encore su abattre les têtes renaissantes. On conçoit tout ce qu'elle désire et quelle est la fin de ses projets destructeurs, puisqu'elle confond dans la même proscription le clergé, ce pieux mandataire que la religion, interprète de notre ame, a choisi pour élever notre faiblesse jusqu'à la Divinité ; la noblesse, que l'essence de son institution, le principe constitutif d'une monarchie, l'honneur, et le choix du prince, appellent à être le bouclier de l'état. Puisque, comme l'assure l'auteur de l'écrit que nous réfutons, une *réconciliation franche et durable est devenue l'objet de tous les vœux des gens de bien dans ce siècle de lumière*, pourquoi nous rappeler le souvenir de faits qui, représentés sous des couleurs odieuses, ne peuvent qu'entretenir la haine parmi des Français que la charte et des sentimens d'estime mutuelle ont réunis ? Qui pouvait engager l'auteur à écrire ; quel a été son but ? Aurait-il cru que nous pourrions considérer de sang-froid des maux passés, dont tout lui faisait un devoir de nous cacher la trace ? s'il eût été dégagé de tout intérêt personnel, aurait-il fouillé dans nos anciennes annales pour ranimer des animosités éteintes, et ne craint-il pas qu'on lui reproche de rouvrir des cicatrices récentes pour y insinuer un poison désorganisateur ?

N'avons-nous pas le droit d'interroger l'auteur sur les

motifs et les occasions qui l'ont déterminé à écrire? sur les motifs, puisqu'il ne peut plus y avoir lieu à interprétation, et qu'il s'agit d'une chose jugée; sur les occasions, puisque cette classe de citoyens distingués dans la société et reconnus nobles par la charte, soumise, comme les autres citoyens, à l'égalité civile, à l'égale répartition des charges publiques, ne fait entendre aucune plainte, n'élève aucune réclamation, et que les argumens qu'on se plaît à renouveler contre elle, viennent s'émousser sur le bouclier avec lequel la loi les protège.

Il existe dans la société un préjugé, je veux bien lui donner ce nom, qui favorise et flatte les uns, qui embarrasse et mortifie les autres; dans cette alternative, la question se réduit à savoir : si ce préjugé est utile; si l'ancienne noblesse, toujours portée, selon l'auteur, à troubler la tranquillité de l'état, a été, par une volonté constante, par une action perpétuée, la cause efficiente de tous les désordres qui ont agité si long-temps la monarchie; si une noblesse enfin, dénuée de priviléges, ne formant point un corps distinct, rompt l'harmonie qui doit régner entre les citoyens d'une même monarchie : de la solution de cette question découlera la réfutation de l'écrit intitulé *de la Noblesse révolutionnaire en France.*

Quelques réflexions sur les effets de la calomnie et sur l'utilité des distinctions dans l'ordre social serviront d'introduction à ces questions. De tous les torts le plus irréparable, de tous les crimes le plus noir, c'est assurément la calomnie : les dommages qu'en ressentent ceux qui en sont les objets et les victimes, se multiplient à l'infini. C'est un principe constant que plus une accusation est grave, plus les preuves qui l'établissent doivent être évidentes. Si l'on doit être circonspect, lorsqu'on accuse le moindre individu d'une société, à plus forte raison doit-on l'être lorsqu'il s'agit de cette société entière. Plus on généralise une accusation qui lui impute des crimes, plus on doit être en état de la prouver. Toute proposition universelle est sujette à l'erreur, et, par conséquent, doit être suspecte, puisqu'elle substitue une intention générale à des motifs particuliers, un ensemble de projets combinés pour le même but à des faits isolés qui n'ont aucune connexion avec un système conçu, poursuivi avec une persévérance sans exemple. La noblesse a un caractère général, comme en doit avoir tout ce qui fait corps; mais les personnes instruites n'ignorent pas qu'il y avait dans ce caractère des nuances très-variées, dépendantes des mœurs particulières à chaque province, du rang, des emplois de chaque individu, soit en province, soit à la cour, indépendamment des teintes particulières aux familles. Jamais la noblesse n'a eu une force de réunion assez grande pour faire de toutes ses parties un tout tendant à un même but : ses divisions sous les première et seconde races, les guerres de religion sous la troisième race, le prouvent à l'évidence. Il en est de la moralité d'une corporation, comme de celle de l'individu, dont elle n'est qu'une collection. La nature varie dans l'individu ; les accidens physiques altèrent son tempérament; dans les corporations, les variations que leur font éprouver les circonstances, les bouleversemens politiques dans l'ordre du gouvernement, les modifications qui s'opèrent dans les mœurs par la suite des temps, changent la face primitive de cette institution. Les corporations, comme tout ce qui est dans l'ordre physique, ainsi que dans l'ordre moral, ont eu des époques brillantes, où les vertus et les avantages de leur institution se sont développés dans le plus grand jour; et d'autres, où des vices sont venus ternir cet éclat et altérer leurs principes constitutifs. De ce qu'elles ont été alternativement vertueuses et vicieuses, en tirera-t-on la conséquence que le principe de l'institution était défectueux? Il faut accuser les hommes, parce que l'inconstance est l'apanage de l'humanité ; et non le principe, parce que sa bonté est démontrée, étant à la fois consacré par l'opinion et par le fait.

Les distinctions sont le tribut le moins onéreux à celui qui paye, et le plus honorable à celui qui le reçoit : elles feraient toujours un grand bien, quand elles n'auraient que l'avantage d'exciter l'émulation. Tous les peuples ont reconnu et admis dans le système de leur gouvernement différens ordres de citoyens. La distinction des rangs a été considérée de tout temps et par tous les législateurs comme un des plus fermes appuis de la société civile. Il y a plus : cette distinction est un produit, un résultat naturel, inévitable de la réunion des hommes en société. Ici les faits sont parfaitement d'accord avec la théorie. Point de pays civilisé sur la terre, point de gouvernement où ces distinctions ne subsistent ; et, puisqu'il n'en est aucun, ni ancien, ni moderne, où l'on ne retrouve, sous différentes formes, l'institution de la noblesse, on doit nécessairement en conclure qu'elle est nécessaire, inhérente à la nature du corps social (1). Ce concert, formé par des nations policées et par des peuples barbares, dont les unes sont même inconnues aux autres, et qui, par conséquent, n'ont pu se communiquer leurs idées et leur système politique (2); ce concert, dis-je, n'annonce-t-il pas que la noblesse n'est pas tout-à-fait un être de raison? Une unanimité de sentimens semble être le cri de la nature, qui nous a révélé ce que nous devons honorer ; ainsi gardons-nous de mépriser ce que tous les peuples estiment ; c'est avoir tort que d'avoir seul raison. Pourquoi la noblesse est-elle tant estimée? dit madame de Tencin ; c'est que son origine est presque toujours estimable ; d'ailleurs il a fallu quelques distinctions parmi les hommes, celle-là était la plus facile. Ne refusons donc pas cette récompense à l'héroïsme militaire et paci-

(1) D'Escherny, Essai sur la noblesse.

(2) Les Péruviens, les Mexicains, les Arabes, les Syriens, les Egyptiens, les Scythes, les Tatares, les Juifs, les Lapons, les Transylvains, les Japonais, les Siamois, les Coréens, les Cochinchinois, les Malais, les Persans, les Curdes.

fique; partageons les honneurs entre la valeur armée et les génies protecteurs qui veillent à la conservation des empires. Le gouvernement monarchique suppose, plus que tout autre, des prééminences, des rangs, une noblesse d'origine; la nature de l'honneur est de demander des préférences, des distinctions; il est donc, par la chose même, placé dans le gouvernement.

Puisqu'enfin, après bien des mouvemens, des chocs, il a fallu se reposer dans le gouvernement qu'on avait proscrit, il fallait bien alors adopter les fondemens et les principaux appuis qui soutenaient l'ancien édifice, sauf à adopter les changemens nécessités par la force des circonstances, le goût du siècle, et rétablir les ornemens que des mains barbares avaient mutilés. La noblesse était le fronton de ce majestueux édifice, il avait été décoré des trophées de sa gloire; la main protectrice de la légitimité a dû rétablir, pour décorer encore la monarchie régénérée, un ornement qui était partie obligée de l'ancienne. Dira-t-on que la charte n'est pas un contrat qui lie également le monarque et ses sujets? La noblesse n'est-elle pas bien légitimement constituée sans priviléges aucuns, sans teinte de féodalité, sans aucune de ces restrictions mentales, que les factieux se plaisent à entrevoir partout, et dont il n'y a trace nulle part? S'il y a dans la charte un article qui soit exprimé plus positivement, c'est sans doute celui qui reconnaît la noblesse; la clarté même de cet article vient de sa concision. La noblesse n'ignore pas que la révolution en a beaucoup trop appris à ses ennemis; mais elle préfère répondre aux invectives par la modération, à la ruse par la bonne foi; elle a su prouver individuellement qu'elle ne le cède à personne en raison, en procédés, en politique, en amour pour son pays et son roi.

Après avoir expliqué les principes qui ont dirigé l'auteur dans la publication de cet écrit, j'exposerai les motifs que j'ai pour le combattre, et, marchant de conséquence en conséquence, je m'efforcerai de prouver que s'il n'a pas fait un ouvrage dangereux, il en a fait un entièrement inutile, et qui ne nous apprend rien, puisque ce n'est pas par des abstractions que l'on résout une question, et qu'en voulant trop prouver, il est constant qu'on ne prouve rien; parce que de l'amas de tous les sophismes répandus dans l'ouvrage, il ne résulte aucune justification des faits, pour le lecteur judicieux aucune conviction, mais pour l'auteur et pour ceux en faveur desquels il a écrit une intention unique que le lecteur sensé saisira à la première page.

Les raisons ne me manqueraient pas, sans doute, pour livrer un combat particulier à chaque page de ce volumineux écrit; mais j'ai senti que je devais prudemment circonscrire ma discussion sur l'objet principal, qui est la connaissance du génie particulier de l'auteur, et qu'animé d'un esprit différent, je ne devais pas l'imiter dans sa prolixité. Dès-lors, j'ai cru devoir borner ma réfutation à quelques réflexions, bien convaincu que les raisons les plus courtes sont souvent les meilleures. J'aurais pu employer pour défendre la noblesse, l'arme empoisonnée de la satire avec laquelle ses adversaires l'ont attaquée; mais les traits de la calomnie viennent s'émousser contre le mérite, et des chevaliers français ne savent combattre que dans la lice que leur ouvre l'honneur. C'est à la raison à faire justice de leurs ennemis. J'aurais pu entourer la noblesse de tous les prestiges de sa gloire, la parer de ses titres fastueux; mais elle eût désavoué un apologiste inconsidéré, elle eût repoussé des éloges dictés par la flatterie; elle est assez riche de son propre fonds pour dédaigner un éclat emprunté; les faits parlent, et la simplicité historique est le seul ornement qui convienne à la dignité de son caractère. Que servirait-il de louer du Guesclin, Barbasan, Bayard, Turenne, Condé? leur apologie est inutile; l'histoire de la patrie est le temple de leur gloire; ce temple est ouvert à tous les Français. Et n'est-ce pas ici le lieu de rappeler la réponse d'un Spartiate à un orateur qui voulait prononcer le panégyrique d'Hercule : « Et qui jamais a osé blâmer Hercule ! » ce n'est donc pas la noblesse, mais la vérité historique outragée dans les faits imputés à la noblesse, que j'ai l'intention de défendre. Je ne dirai rien qui ne soit dicté par l'amour du bien public et celui de la vérité; dans la discussion que je vais engager ; je me déclare exempt de prévention et d'intérêt personnel; si cependant, entraîné contre ma volonté, par la nature du sujet, au-delà du cercle de la modération dans lequel je veux me renfermer, ému peut-être de la lecture de l'écrit qui m'occupe, je venais à éprouver un sentiment pénible, je le sens, ce ne serait pas celui de l'indignation. Rapprochant donc dans un cadre d'une dimension raisonnable tous les faits isolés répandus sur le vaste océan des pensées de l'auteur, je tirerai de leur comparaison des conséquences essentielles à mon sujet. Mon but sera rempli, si je fais connaître les intentions fausses ou perfides de l'auteur dans l'exposition des faits, les principes dangereux renfermés dans son écrit, les ornemens bizarres dont il a revêtu ses pensées, son style......

Jetons nos regards sur la nature du gouvernement français sous la première et la seconde race, et sur l'influence de la noblesse et du système féodal à ces époques. Nul doute que le droit de conquête n'ait donné naissance à un corps de noblesse distingué et séparé du reste des citoyens par des priviléges inhérens au sang et à la naissance; il suffit de méditer les premiers élémens de la monarchie pour s'en convaincre. Sans m'arrêter sur l'origine de cette noblesse, ni au sentiment du comte de Boulainvilliers, qui conclut que les Francs, conquérans des Gaulois et Romains vaincus, ont formé la souche de la noblesse française, ni à celui de l'abbé du Bos, qui tend à prouver que les Francs s'emparèrent, il est vrai, d'une partie des Gaules, mais se mêlèrent aux vaincus, et adoptèrent leurs usages et leurs institutions, et que les honneurs et les distinctions attachés aux familles sénatoriales des Gaules qui formaient sous l'empire romain une espèce de corps de noblesse, se perdirent dans l'incorporation des deux nations; ni celui de Montesquieu qui combat ces deux systèmes opposés, et suppose cependant, pendant quelque temps, une supériorité conservée par les vainqueurs sur les vaincus; sans rechercher si les Francs sont descendus des Troyens, et si la noblesse française descend des Francs bons Saliens ou des Francs ripuaires (1), je me contenterai de faire remarquer que, sous la première race, le pouvoir royal était contrebalancé par la puissance des grands vassaux, princes indépendans qui relevaient seulement de la couronne, et qu'il ne faut pas confondre avec les nobles. Les premiers tenaient leurs droits du fait de leur patrimoine, les seconds ne tenaient leurs priviléges que de la faveur du monarque, qui les nommait à son gré. Il n'y a que l'ignorance ou une méchanceté gratuite, qui puisse attribuer à la noblesse ce qui n'était que le résultat d'un pouvoir partagé et légitimé par la possession. Cela est si vrai, que dans le cours de toutes les guerres suscitées par ces grands compétiteurs, la noblesse, qui se trouvait placée, à raison de son infériorité politique, entre de si puissans rivaux, prenant parti pour les uns et pour les autres, mais bien plus souvent pour la couronne, ne pouvait jamais être que ballottée entre ces grands pouvoirs, et ne pouvait en être que la victime. Cela est si vrai, que du moment où la puissance royale, forte de son intercession, se fut accrue de tous les domaines enlevés à ses rivaux, la noblesse se trouva dans une assiette plus tranquille, et put respirer de toutes ces divisions qui lui furent toujours si funestes. L'ascendant de la noblesse fut créé par la force même des choses, et ne fut de la part des souverains qu'une concession légitime, cimentée par la reconnaissance des rois

---

(1) Leibnitz, Dissertation sur l'origine des Français.

et les services des sujets; en outre, ce pouvoir ne fut que le résultat de la civilisation; il existait long-temps avant l'invasion des Francs dans les Gaules, chez les Gaulois et chez les Germains, et antérieurement chez les Romains, qui avaient, dès le principe de leur gouvernement, établi des distinctions bien marquées parmi le peuple (1).

Ainsi, sous la première race, la puissance des nob les ne fut qu'un dépôt qu'on leur avait confié. Les grands, connus sous le nom de seniores, devenus membres nécessaires du plaids royal, partagèrent la législation avec le prince, ou plutôt avec le maire du palais, dont ils s'attribuaient la nomination; mais les Pepin la rendirent héréditaire dans leur famille; sous les enfans de Louis-le-Débonnaire, elle devint un usufruit dont le prince gratifiait quelques-uns de ses fidèles; enfin, sous Charles-le-Chauve, elle devint une propriété. Déjà en 732, Charles-Martel avait façonné les Français à une puissance absolue; il inféoda quelques dimes pour récompenser des leudes qui l'avaient puissamment aidé contre les Sarrazins, et donna à la noblesse des terres nommées bénéfices; par la suite, les fiefs remplacèrent les bénéfices, et les bénéficiers furent appelés vassaux. Voilà la première origine des fiefs. On ne connaissait alors que deux sortes de biens, les bénéfices et les alleux. Les alleux se divisaient en propres et en acquets. La puissance des seigneurs n'était pas tellement inattaquable, qu'on ne pût leur faire leur procès dans les assemblées du Champ-de-Mars ou de Mai, lorsqu'ils avaient manqué à leur devoir.

Les incursions des Normands, la division entre les princes de la famille régnante, la nécessité de se mettre à l'abri des premiers, et qui força les seigneurs à se retran-

---

(1) Les Grecs et les Romains avaient en grande estime la noblesse d'extraction : on avait en Grèce un profond respect pour les familles des Héraclides, des Eacides; et à Rome pour celles des Corvinus, des Lépidus, des Torquatus, des Fabius, des Jules, des Scipions, et des Emiliens.

cher dans leurs châteaux, l'obligation imposée au roi, pour pouvoir réclamer les services de ces seigneurs, de rendre leurs bénéfices héréditaires, et de renoncer aux droits régaliens, furent les causes de l'affaiblissement de la puissance royale.

La cause principale du grand nombre de serfs chez les Français, doit être attribuée avec raison, suivant Delaurières et Garnier, au partage de la monarchie entre les fils des rois de la première race, aux guerres perpétuelles qui s'élevaient entre eux, et à l'usage de réduire en servitude tous les hommes pris à la guerre, ce qui certes n'avait pas eu lieu au commencement de la monarchie ; car les Germains, souche des conquérans, ne connaissaient point d'esclaves ou de serfs, à proprement parler. Ce ne fut que par la suite de leur mélange avec les Romains, que leurs mœurs se corrompirent, et qu'ils commencèrent à employer des esclaves pour servir leur mollesse et leur vanité. A ces causes, vinrent se joindre des causes accessoires, mais malheureusement trop efficaces : la faiblesse et la division des princes ; la puissance excessive des grands, née de cette faiblesse ; les brigandages des Normands, l'anarchie dans laquelle la France tomba ; alors les peuples, et surtout ceux des campagnes, durent rechercher la protection des plus forts, et la trouvèrent naturellement dans la puissance des seigneurs qui avaient des châteaux et des forces suffisantes pour les défendre contre les ennemis du dehors et du dedans. Ainsi cette puissance des seigneurs se tirait de la force même des circonstances. Mais comme, par une instabilité attachée à l'espèce humaine, l'abus se trouve placé à côté du pouvoir, les grands, désignés alors plus communément sous les noms de ducs, de comtes, qui tenaient leurs offices amovibles de l'autorité royale, se rendirent indépendans, se firent des sujets et des serfs dans les lieux où ils devaient rendre la justice au nom du roi ; mais tel était l'esprit du temps, telles étaient les mœurs sous les rois des deux premières races, tel était l'usage de réduire en servitude les vaincus, que les rois eux-mêmes dévastaient leurs propres états, et asservissaient une partie de leurs sujets pour punir les fautes de quelques particuliers rebelles : témoin Thierry Ier, qui, au rapport de Grégoire de Tours, promit à ses soldats le pillage de l'Auvergne et l'esclavage de ses habitans. Ainsi, cette violence n'était pas plus particulière aux grands et aux nobles, qu'aux rois.

Nous devons rendre justice à la conduite de Pepin et de Charlemagne : tant qu'ils furent sur le trône, ils prévinrent la réunion des grands, qui avaient un intérêt direct à se liguer contre celui qui avait le droit de les destituer et de les punir : cette réunion eût eu les suites les plus funestes pour l'état, sans la prudence de ces deux princes, qui les tinrent sous leur dépendance en les occupant sans cesse dans de nouveaux projets d'agrandissement, et en les faisant plier sous l'autorité de la discipline militaire.

Charlemagne, en appelant le peuple aux délibérations du Champ-de-Mai, contint la puissance du clergé et des grands. Il faut admirer dans cette conduite pleine de sagesse, la politique de ce grand roi, qui sut concilier tant d'intérêts opposés. L'assemblée générale qui sous son règne se tenait à la fin d'automne, n'était composée que des seigneurs les plus expérimentés du royaume. On y discutait tout ce qui intéressait la police intérieure et extérieure de l'état; et dans l'assemblée du Champ-de-Mai suivant, on portait, au nom du prince, les lois connues sous le nom de capitulaires. Les missi dominici, c'est-à-dire les agens les plus accrédités du prince, et qui rendaient compte au roi et à la nation assemblée de tout ce qui avait rapport à l'ordre public, étaient pris dans l'ordre de la noblesse. Ainsi toute la confiance reposait dans cette classe. Toutes les autres classes de l'état furent maintenues par le respect dû aux lois, et par la fermeté du prince. Les abus commis par les comtes et les magistrats judiciaires furent réprimés; la cour suprême du monarque fut toujours un asile ouvert au peuple contre la puissance des grands. Le règne de Charlemagne fut celui de la justice, de l'ordre et de la grandeur. On doit donc conclure que sans la faiblesse des rois, les grands ne fussent point sortis des limites de leur institution, et que lorsque l'autorité royale sait parler, les ambitions et les passions se taisent à sa voix.

La faiblesse de Louis-le-Débonnaire fut la source de la licence des grands. Mais cette puissance fut paralysée par la division survenue entre ses enfans. C'est au règne de Charles-le-Chauve qu'il faut placer la révolution survenue dans l'état des personnes et dans l'essence primitive des bénéfices; il faut l'attribuer à l'hérédité des fiefs. La constitution de l'état se trouva effectivement attaquée par les conventions de Mersen et de Chiersi, qui substituaient la seigneurie féodale à l'autorité des lois et du monarque. La loi de Charles-le-Chauve, qui portait que la noblesse ne serait contrainte de suivre le roi à l'armée que lorsqu'il s'agirait de défendre l'état contre une incursion étrangère (1), était sans doute une barrière que les grands vassaux étaient parvenus à opposer à l'accroissement de la puissance royale qui les aurait anéantis, et une obligation solidaire de défendre l'état qu'ils regardaient seulement comme un usufruit dévolu à la puissance royale; mais les seigneurs et les grands n'en retirèrent point tous les avantages qui devaient

---

(1) Lors de l'irruption des Allemands suscitée par le roi d'Angleterre, qui était en même temps duc de Normandie, Louis-le-Gros tâcha d'engager les seigneurs et les barons à le suivre pour conquérir la Normandie; mais chacun s'excusa, et s'en retourna avec le contingent qu'il avait amené. « Nous sommes venus, disaient-ils, pour défendre la patrie commune menacée par une puissance étrangère; mais nous ne sommes pas obligés de concourir à dépouiller le duc de Normandie, vassal de la couronne, et par conséquent un des membres de la monarchie. » Leur politique ordinaire était de souhaiter que l'état fût puissant, mais que le roi ne le fût pas assez pour les abaisser et les humilier.

(Saint-Foix, 3e tome, page 74.)

en résulter pour eux; l'édit de Pistes donné en 864, rétablit par contre-coup l'autorité royale; il est à remarquer que l'institution des fiefs, loi dérivée des circonstances, opéra de grands changemens dans la constitution politique de l'état mais ne changea en rien la constitution civile et judiciaire. C'était une aristocratie puissante qui avait un centre commun, le roi.

Dans les discussions qui s'élevaient entre les nobles et le clergé, on s'adressait, comme à un arbitre suprême, à l'autorité du roi; le clergé, pour maintenir ses priviléges, prêchait continuellement la soumission au roi, et défendait les prérogatives royales, afin de s'en faire un appui contre les vexations des grands. Ainsi, la religion, alors puissant auxiliaire dans les mains du clergé, mettait un frein à l'ambition des nobles.

La féodalité, qui n'avait été d'abord qu'un désordre né de la faiblesse des rois de la seconde race, prit une consistance régulière et légale lorsqu'elle fut légitimée par Hugues-Capet, et appuyée sur la foi des conventions. L'inféodation fut un contrat synallagmatique et sacré, c'était la force même des choses; en même temps qu'Hugues donna à la multitude d'autres maîtres et d'autres seigneurs que lui, il fortifia ce premier fil qui lia tous les sujets médiatement ou immédiatement à la couronne. Ce fil, entre les mains de princes justes et habiles, devint cette chaîne féodale qui a été le principe très-efficace de la restauration de l'autorité monarchique et de la liberté des peuples.

L'on sera frappé de cette vérité lorsque l'on rapprochera ce temps si éloigné de nous d'une époque toute récente, où ce même système fut combiné avec les mêmes vues, dans des circonstances à-peu-près pareilles, et dans un même esprit. Bonaparte, en effet, semble avoir voulu marcher au renouvellement du système féodal par les mêmes principes qui engagèrent Guillaume-le-Conquérant à l'établir en Angleterre, le droit de conquête; ce système était le plus convenable à la position du prince normand; il n'est pas étonnant que ce système fût entré comme idée dominante dans la tête de Bonaparte, puisqu'il regardait la France comme sa conquête, et le système féodal approprié à son gouvernement militaire.

A l'époque dont nous avons parlé plus haut, la noblesse n'était autre chose que cet ordre de seigneurs qui participaient légitimement à la puissance publique sous la garantie et la protection royales. Les rois, en secondant alors les prétentions de leurs vassaux, et ratifiant l'aliénation partielle de leur pouvoir, ne s'en réservèrent par l'inféodation que le droit de retour et la mouvance. Ainsi, je le répète, il ne faut pas confondre les nobles avec les grands vassaux, puissances à part et propriétaires incommutables de leurs domaines.

Cet enchaînement de pouvoirs, de faiblesse, de dépendances, était conforme à l'esprit du temps; lorsque les mœurs se furent adoucies, lorsque les biens des nobles eurent été détériorés par les croisades, lorsqu'une civilisation plus complette eut étendu les droits de la raison et de l'humanité, le pouvoir royal fut reconstitué sur les vrais principes qui doivent en faire la base : l'autorité des grands et la liberté des peuples furent réduites à leur véritable dimension. Tous ces progrès, sans détruire les distinctions et les prérogatives de l'état, firent descendre les seigneurs et remonter les serfs à la condition de sujets libres, tous également protégés par la souveraineté. Voilà le mode que prescrivait la raison; voilà ce qu'une équitable impartialité me donne le droit de dire.

Je vais même faire une concession à l'auteur: ce serait se refuser à l'évidence que de nier que les nobles n'aient quelquefois contrarié les intentions de la royauté. Cette influence des nobles a eu ses époques, son apogée, son périgée; elle n'a pas été tellement continue, qu'elle ait évidemment miné les fondemens de la monarchie ; sa force d'action a été nulle à certaines époques de notre histoire. On ne peut donc pas raisonnablement la considérer comme un principe destructeur, comme une institution essentiellement opposée à l'esprit de la monarchie, sans tomber dans l'absurde, puisque son vice radical aurait eu une marche tellement lente, qu'il n'est pas possible de croire que ce principe ne se fût détruit par sa lenteur même ; et c'est prouver que l'esprit d'une noblesse n'est pas si incompatible avec celui d'une monarchie, que d'avouer que l'un a mis un temps si considérable à détruire l'autre.

Forcé par les limites que je me suis prescrites de renfermer dans une courte discussion le germe du système féodal, les circonstances qui l'ont développé, j'ai dû rechercher la véritable essence des faits, et rétablir la vérité qu'un oubli involontaire ou une réticence injuste avait détournée. Je vais passer à l'examen de quelques faits dénaturés dans cet écrit.

Chap. Ier, *pages* 2 *et* 3. « Chaque fidèle prit son domicile » chez le plus riche colon de la contrée. Le simple effet de » ce logement rendait le Franc propriétaire incommutable » des deux tiers des terres et du tiers des esclaves. Il n'y en » eut aucun qui ne fût accueilli avec des pleurs et gé- » missemens de toute la famille. »

Il y a ici autant d'erreurs que de mots. Les lois saliques et ripuaires ne font aucune mention de cette usurpation. Ce ne furent point les terres des Gaulois indigènes, mais bien celles que les Romains assignaient pour l'entretien de leurs généraux, de leurs commandans de villes et châteaux forts, de leurs garnisons, et dont les revenus appartenaient à l'empire, que les Francs se partagèrent entre eux. Ces terres étaient immenses. Le nom d'alleux, donné à ces terres, prouve que le partage s'en faisait par la voie du sort. Celles appartenantes au prince furent désignées sous le nom de fisc ; elles servirent par la suite à sa libéralité pour distribuer des bénéfices militaires. Les lois des vainqueurs étaient à cette époque empreintes d'une douceur remarquable. Le tableau fait par l'auteur de l'écrit est peint avec des couleurs tout-à-fait mensongères. Ce ne fut qu'à l'époque de la création des fiefs, que les mœurs des Francs s'altérèrent, et que leur douceur naturelle fut remplacée par des lois dures et inhumaines.

(Quatrième roi, 458.)

Chap. V. « Détrônement du roi Childéric. Les nobles » montrèrent en cette occasion tout l'abus qu'on peut faire » de son pouvoir, de sa force numérique et de ses préro- » gatives. »

Ce furent les dissolutions de Childéric qui contribuèrent à le faire chasser du trône, et non les intrigues *révolutionnaires* des grands, qui étaient eux-mêmes les premières victimes des exactions, des mœurs infâmes et de la tyrannie de ce prince. Le peuple en masse eut autant de part que la noblesse à cet acte de rigueur. Mais ce fut la fidélité d'un noble, Viomade, qui le fit rappeler. Le témoignage de Grégoire de Tours ne peut être suspect; il dit positivement que Childéric fut contraint de descendre du trône par une conspiration de tous ses sujets, qui élurent Ægidius à sa place; il n'en accuse nullement les nobles.

(Clovis, cinquième roi, 482.)

Chap. VIII. L'auteur avait dit en parlant des Francs, *page* 3 : « *Ces nouveaux possesseurs ne tardèrent pas* à » abuser des droits du conquérant. Ils firent éprouver aux » Gallo-Romains tous les genres d'oppression et de vexa- » tions. L'homme armé semble ne pas s'apercevoir de sa » tyrannie et de ses injustices. »

Cette imputation générale s'attache spécialement au règne de Clovis. Les Gaulois ou Romains ne furent point asservis, ni dépouillés de leurs propriétés après l'établissement des Francs. Ils conservèrent leurs propriétés, leur condition primitive, le droit de porter les armes et de former leur contingent dans l'armée. C'est à tort que Montesquieu assure que les Gaulois furent opprimés par les Francs à cause de l'établissement des contributions pour les meurtres. C'était une distinction de vainqueur à vaincu, une simple préséance en faveur des Francs, et non une oppression. Les vaincus ne furent point opprimés puisqu'il était permis à tout Gaulois de devenir Franc en quittant la loi romaine pour vivre sous la loi des Francs; puisque les Romains pouvaient ainsi que les Francs aspirer aux plus grands honneurs et aux premières charges de l'état destinées aux convives du roi; puisque les cités des Gaules conservèrent leur liberté et le gouvernement municipal ainsi qu'elles en avaient joui sous les Romains; Grégoire de Tours l'atteste dans son 10e livre.

Les Francs, en se fixant dans les Gaules, furent jaloux de conserver les lois de leur gouvernement. Il était dans l'ordre naturel qu'en leur qualité de conquérans, ils tinssent un rang distingué dans l'état auquel ils s'incorporaient. C'était d'ailleurs l'ancienne maxime des Germains, leurs ancêtres, de primer sur les nobles mêmes de la nation conquise. Les Francs continuèrent donc d'être une nation libre régie par une équitable monarchie; mais ils devinrent tous les nobles de l'état. Le roi continua de se regarder comme le premier d'entre eux, et comme leur chef; il ne les appelait jamais que ses fidèles et ses leudes. Ils le reconnurent pour roi, parce qu'il gouvernait en prince juste et non en tyran. Cependant ce prince, d'une politique profonde, tout en ménageant une nation victorieuse à laquelle il devait toute sa gloire, eut l'adresse d'adoucir ce que l'esprit de conquête a de trop dominant. Il respecta les lois des vaincus, il sut les allier adroitement à celles des vainqueurs; il n'ignorait pas que le moyen le plus sûr de gagner les cœurs de ceux dont on envahit les provinces, est de respecter leurs institutions. Ainsi donc, en soumettant toutes les Gaules, Clovis laissa à leurs habitans (1), leurs mœurs, leurs lois, leurs usages, et n'exigea d'eux que la même soumis-

(1) Cunctis gentibus fidem servavit. Dom. Bouquet, t. IV, p. 58.

sion qu'ils avaient pour les princes de la même nation. Il n'établit, comme nous l'avons dit, d'autres prérogatives en faveur des vainqueurs, que celle de la prééminence ; et de quelques distinctions qu'il établit dans les compositions pour la réparation des délits. Cette politique douce, et qui tendait à ramener tous ses sujets, sans distinction, à un même code de lois, contribua beaucoup à consolider sa conquête.

Page 19. « La noblesse délibérante applaudit avec transport à la proposition de porter la guerre chez les Arboriques. A peine le sénat nobiliaire eut-il voté l'invasion, qu'on pénétra dans ces contrées industrieuses : argent, biens, denrées, meubles, marchandises, tout fut compris dans la législation du pillage et de la confiscation. »

Les habitans des Armoriques traitèrent avec Clovis, et ne furent point subjugués, ainsi que nous l'apprend Procope (1) ; ce ne fut point la noblesse qui conseilla à Clovis la réduction et la conquête des Armoriques. La religion y entra pour beaucoup ; les peuples de ces provinces, abandonnés par les Romains, menacés d'être envahis par les Visigoths Ariens, se jetèrent volontairement dans les bras de Clovis, prince puissant qui faisait profession de la foi de Nicée, avait embrassé leur religion, et dont le joug d'ailleurs leur paraissait léger. On peut dire à la louange de Clovis, que sa douceur, sa politique conciliante, servirent encore plus que ses armes à enchaîner ces peuples à son char de triomphe.

On doit naturellement penser que sous un prince conquérant, fier, et du caractère de Clovis, les nobles, ou plutôt les leudes, lui étaient entièrement soumis, et n'exerçaient probablement sur lui aucune influence. Car il est difficile de croire que ce prince eût pu venir à bout d'aussi grands desseins que ceux qui signalèrent sa carrière politique et militaire, s'il eût été contrarié continuellement par

---

(1) Bello Goth. Liv. Ier, chap. 12.

sa noblesse. L'intervalle de dix années qu'il mit à s'emparer de toutes les possessions des Romains, en prouvant la résistance de ceux-ci, prouve également que les nobles avaient dû constamment rester dévoués à Clovis : sans cela, il est probable qu'il eût échoué dans ses projets de conquête, au milieu des embarras que la noblesse lui eût nécessairement suscités.

CHAP. XXIX. « Après qu'on eut cloîtré le roi Thierry Ier » et son ministre Ebroin, la noblesse factieuse examina avec » plus de loisir et de calme le résultat des troubles et des » changemens qu'elle venait d'exécuter. On était revenu » à l'unité monarchique en déférant la couronne de Neus» trie au roi Childéric, mais ce nouvel état de choses ne » remplissait pas parfaitement l'attente des ducs, des comtes » et des barons. » Régence révolutionnaire de Pepin-d'Héristal.

CHAP. XXXIV. Ebroin, ministre de Thierry, troublait la monarchie par ses violences, et faisait détester le pouvoir de son maître. Il s'attacha principalement à faire éprouver au clergé et à la noblesse tous les genres de vexations : Hermenfroi, seigneur français, irrité de se voir privé de ses biens et attaqué dans son honneur, l'assassina, et arrêta le cours de ses exactions. Ce fut à la conduite douce et opposée de Pepin d'Héristal qui lui succéda, que ce maire fut redevable de sa grandeur et de ses succès. Il sut être le maître de ses égaux sans en être le tyran ; sous son gouvernement, les violences et les excès cessèrent, les seigneurs furent réintégrés dans leurs droits, et le clergé qui, sous le maire précédent, avait été si maltraité, prit rang dans l'ordre politique. Pepin eut l'adresse de contrebalancer le pouvoir des nobles en le faisant entrer concurremment avec eux dans les assemblées générales, et d'augmenter ainsi son pouvoir en affaiblissant celui des grands. Cependant il fut ferme et juste envers eux ; ceux-ci, accoutumés depuis long-temps à se voir dominés injustement par les maires, se trouvaient contens d'un chef qui distribuait les honneurs avec équité, et qui ne leur ôtait que les biens que les circonstances leur avaient fait enlever aux églises. Ainsi, les nobles de ce temps n'étaient pas si intraitables, ce qui démontre que l'équité a un ascendant qui maîtrise les esprits de tous les siècles.

Chap. XXXVIII. « Le pape Zacharie, bien aise de se » voir pris pour arbitre par des révolutionnaires qui n'a» vaient pas toujours consulté les papes pour exécuter leurs » projets séditieux, porta la funeste décision par laquelle » il fut reconnu en principe que le pouvoir faisait le mo» narque. »

Je vais expliquer succinctement ce fait, et éviter la prolixité de l'auteur :

Dans une assemblée ou parlement général de la nation convoqué à Soissons au mois de mars 751, il fut question de déférer la royauté à Pepin. Les peuples étaient préparés à cet évènement; il y avait quatre ans que Pepin négociait secrètement avec le pape Zacharie par le ministère de Boniface, archevêque de Mayence, et tout dévoué à la cour de Rome, afin d'obtenir son consentement. Depuis longtemps les papes étaient devenus une puissance, et Zacharie sentit le besoin de se prêter aux intentions de Pepin pour la consolider, et voulut avoir la gloire de jeter, par ce grand coup de politique, les fondemens des prétentions et de la puissance temporelle des papes sur la couronne des rois. L'assemblée déféra à Pepin l'honneur de dresser cette consultation. Elle était conçue en ces termes : *Lequel des deux est le plus digne de régner, ou celui qui travaille à la défense et à la conservation de l'état, et fait toutes les fonctions de la royauté, ou celui qui portant le titre de roi n'est pas capable d'en faire aucun exercice* (1)? On se

(1) Voyez la Dissertation de Pierre Rival, chanoine et chapelain du roi d'Angleterre, sur cette question : tom. Ier, 2e Dis.

doute bien que la réponse de Zacharie fut conforme aux désirs de Pepin.

Ce fait n'est rien moins qu'avéré. Dans quelles sources l'auteur a-t-il puisé les preuves de ce qu'il avance d'une manière aussi affirmative? lorsque les recherches de savans illustres et infatigables, loin d'éclairer ce fait, n'ont produit que des doutes, a-t-il pu penser que nous le croirions sur parole, et que sa seule autorité changerait pour nous en article de foi un principe aussi dangereux fondé sur un doute historique? Ce principe, que l'auteur se serait bien gardé d'énoncer dans d'autres circonstances, peut-il être mis en avant, s'il favorise un système suivi par les novateurs? ainsi, les témoignages hasardés des vieilles chroniques rédigées par des moines, et postérieures à l'invention des fausses décrétales attribuées à un anonyme, au faux Isidore, ou à Benoît, diacre de Mayence, seraient mises en balance avec les recherches des PP. Le Cointe, Alexandre et Dubois; ces chroniques auraient été faites du temps de l'ambitieux Grégoire VII, qui aurait invoqué de pareils témoignages pour consacrer l'existence de la déclaration du pape Zacharie, afin de soumettre tous les trônes à sa domination? L'autorité de pareilles chroniques serait toujours récusable, quand bien même elles s'accorderaient, et sur le pape qui aurait voulu légitimer ainsi l'usurpation de Pepin au détriment de Childéric III reconnu souverain légitime, et sur l'année où cette usurpation aurait eu lieu. Il s'en faut de beaucoup qu'elles précisent ces deux points. La décrétale du moine Gratien, qui mentionne le fait qu'alléguait Hildebrandt en 1073, et dont il se faisait un titre pour détrôner les rois, disposer de leurs couronnes, et délier les sujets du serment de fidélité, et dans lequel le fait est transformé en droit, n'est que la copie textuelle et servile du passage de la lettre même de Grégoire VII, et n'est pas plus admissible que la prétention erronée de ce pontife. Gilles Romain, archevêque de Bourges, Jacques Allamun, savant docteur, le célèbre jurisconsulte Hottman, et tous les zélés défenseurs du trône de France, ont démontré que ce ne fut point la prétendue décision de Zacharie qui fit mettre Pepin à la place de Childéric. Il paraîtra étonnant que la nation française ait méconnu ses droits, au point de croire avoir besoin de l'intervention d'une puissance religieuse et étrangère, dans une chose qu'elle jugeait convenable à ses intérêts, son consentement n'ajoutant rien au pouvoir qu'elle avait de le faire, de même que son refus n'en pouvait rien diminuer. Il paraîtra hardi d'accuser Montesquieu d'avoir traité fort légèrement ce sujet, et prêté au père Le Cointe « des raisons qui font honneur à sa religion et non à son jugement ». « Le père Le Cointe, dit Montesquieu (1), malgré » la foi de tous les monumens, nie que le pape ait autorisé » ce grand changement; une de ses raisons est qu'il aurait » fait une injustice. Eh! il est admirable de voir un histo- » rien juger de ce que les hommes ont fait par ce qu'ils au- » raient dû faire : avec cette manière de raisonner, il n'y » aura jamais d'histoire; et il ajoute plus bas, quand Pepin » fut déclaré roi, ce ne fut qu'une cérémonie de plus et un » fantôme de moins; il n'acquit rien par là que les orne- » mens royaux, il n'y eut rien de changé dans la nation. » La déclaration du pape Zacharie devenait alors tout-à-fait inutile, et ne devait pas être le résultat d'aussi grandes démarches. En outre l'assertion de Montesquieu croule d'elle-même, puisqu'il se fonde sur l'anonyme de 752.

Chap. IX, Livre II. « Ce concert entre les nobles et le » clergé, contre le trône, parut parfaitement établi sous » Louis-le-Débonnaire. »

Tant que Pepin et Charlemagne tinrent d'une main ferme les rênes de l'état, les grands restèrent soumis et renfermés dans leurs devoirs de sujets. Mais lorsque Louis-le-Débonnaire eut, par sa faiblesse, détruit les bons effets du système

---

(1) Chap. XVI, liv. XXXI, Esprit des Lois.

de ses prédécesseurs, dès-lors, on vit éclore une fermentation qui devait être le présage de quelque révolution. Ce prince, qui ne voyait plus que par les yeux de l'impératrice Judith, sa femme, eut l'imprudence de jeter une pomme de discorde parmi ses enfans, par des partages prématurés; le ton impérieux de l'aîné de ses fils envers ses frères, les intrigues du moine Gondebaut parvenu au ministère, et qui ne fit qu'irriter par ses exactions les seigneurs français; le mépris que l'on portait au roi et aux lois, comme s'en expliquait Agobard au comte palatin Malfride, la guerre civile qui éclata entre les frères, dès que le père eut fermé les yeux, développèrent les fermens des troubles qui agitèrent ce règne funeste. Les grands, las de se sacrifier pour les fantaisies de quatre forcenés, cherchèrent à se rendre indépendans, et profitèrent du règne de Charles-le-Chauve, qui ne sut ni honorer le trône, ni le défendre, ni réunir ou diviser les grands. Je suis loin d'approuver tous les désordres qui eurent lieu sous ce régime, mais je pense qu'ils ne peuvent être attribués qu'à des causes qui n'ont point été amenées par des complots ourdis à cet effet, mais seulement par des circonstances fortuites et dépendantes du caractère versatile du souverain. Ce prince, en donnant le duché de France à Robert, aïeul de Hugues-Capet, et le comté de Flandre à Baudoin, tiges des comtes de Flandre, fut le premier artisan de l'affaiblissement du pouvoir de sa dynastie.

Louis le-Bègue, son fils, craignant de n'être point reconnu par tous les seigneurs, et victime de la faiblesse de son père, fut forcé de recourir à des largesses extraordinaires pour s'attacher ceux qui lui paraissaient suspects : en appauvrissant ainsi son domaine, il diminuait son autorité.

Cette crise violente se fit également sentir sous Charles-le-Simple, dont la naissance était devenue un sujet de dispute. Ce prince en outre avait depuis long-temps indisposé les Français contre lui, en écoutant les perfides conseils des étrangers, et surtout des Allemands. Les seigneurs qui, par leur contact immédiat avec ce prince, étaient plus à même de juger sainement des choses, et sur lesquels rejaillissait plus spécialement son animosité, supportaient avec peine les menaces qu'il leur faisait d'user des armes de l'étranger; ils favorisèrent donc les prétentions de Robert, comte de Paris; mais le peuple applaudit à son élection par les signes non équivoques de la plus grande joie. Rien sans doute ne pourrait excuser la déloyauté des sujets envers leurs princes, quelles que fussent leurs faiblesses; mais dans cette circonstance, on ne pourra pas dire que les nobles aient manqué de prétexte, et qu'ils aient seuls par la révolte contribué à *révolutionner* la royauté. Charles-le Simple, incapable de gouverner par lui-même, subjugué par Haganon, son favori, ne fit que rétrécir de plus en plus la sphère de la royauté. Le refus que fit ce prince de renvoyer Haganon, blessa vivement les grands qui s'éloignèrent de lui. Il se priva ainsi de leur appui, et abandonna à Robert tous les avantages dont il aurait pu profiter. Robert lui-même n'en jouit pas long-temps. Raoul, qui lui succéda, continua de dépouiller la couronne de ses domaines pour grossir son parti, et contribua ainsi à affaiblir la royauté. L'établissement du système féodal peut donc entrer comme cause subsidiaire dans le dépérissement graduel de cette monarchie florissante constituée par Charlemagne; mais il n'en est pas la cause principale. Les circonstances les plus funestes semblent s'être réunies, à cette époque, pour conspirer la ruine de cette monarchie; mais attribuer tout le mal à la noblesse seule, serait une injustice. . . . . .

(Troisième race.)

Livre III. « Hugues Capet jouissait au contraire de l'appui et de la faveur des ducs, des comtes et des barons. » Aucun d'eux ne lui donna un seul moment d'alarmes, » personne ne montra un zèle équivoque. Ils s'armèrent

» tous pour maintenir et défendre les droits de la nou-
» velle usurpation. On est volontiers soldat pour son opi-
» nion. »

Il est certain que le changement de dynastie s'opéra d'une manière si tranquille, que le sceptre ne parut pas passer dans une autre race que celle de Charlemagne; d'où l'on peut induire que la loi salique ne fut pas tout-à-fait violée, et que tous les ordres du royaume prêtèrent volontiers la main à l'élection de Hugues. Ce changement se fit sans déchirement, au milieu d'un clergé puissant, d'une noblesse fière et formidable, d'un peuple qui chérissait les rejetons de ses premiers rois, et qui avait en horreur toute domination étrangère, comme l'on peut en juger par sa conduite envers Charles-le-Simple. Hugues Capet put s'étayer, en partie de sa naissance, en partie du testament de Louis V qu'il avait persécuté, et qui cependant l'instituait roi de France.

On a beaucoup discuté sur l'origine de la maison de France; l'auteur de l'écrit réfuté s'en rapporte ici à l'opinion commune qui considère Capet comme ayant usurpé le trône sur la maison de Charlemagne, et aux assertions impertinentes et absurdes de Dante, et de Villon, poëte français, qui font descendre Hugues Capet d'un boucher (1). Il y a peu d'écrivains qui s'appuient, à ce sujet, sur des preuves raisonnables, et aucuns sur des monumens ou actes authentiques. Ce furent tous ces avantages que Hugues Capet réunissait en sa personne, qui déterminèrent les grands de l'état à l'élever sur le trône; la faiblesse des princes Carlovingiens y contribua pour beaucoup.

Les grands emplois et les dignités dont Robert-le-Fort, aïeul de Hugues Capet, était revêtu, ne s'accordaient pas dans ce temps au seul mérite personnel, si la plus haute

(1) Si fusse des hoirs de Capet
Qui fut extrait de boucherie.

naissance ne s'y trouvait jointe. Le système adopté par Saint-Jullien, Tournemine et Zampini, ne paraît pas dénué de quelques probabilités. Il résulte d'un passage transcrit par Saint-Jullien, et extrait des défenses dressées par Louis XI en réponse au mémoire de Marie de Bourgogne, fille de Charles-le-Téméraire, et dont le baron de Sennecay lui communiqua une copie ; il résulte, dis-je, que Robert-le-Fort n'était point Saxon, que Pepin était de la race de Mérovée, et Hugues Capet issu de mâle en mâle de Charlemagne par Lotaire, fils de Louis-le-Débonnaire. S'il en était ainsi, l'origine commune des trois races de nos rois serait incontestable. En effet, si les deux premiers n'eussent point été du sang royal de Clovis en ligne masculine, comment auraient-ils pu en imposer à la nation entière sur un fait si notoire et aussi important? Aurait-il été possible à Pepin d'écarter de la concurrence au trône le sang de Caribert, roi d'Aquitaine, des princes français alliés aux Mérovingiens, et sa déclaration solennelle qu'il était issu du sang de Clovis n'eût-elle pas été universellement démentie? l'histoire ne la contredit pas. Ces deux princes, privés de la noblesse d'un sang si vénéré par les Français, auraient-ils pu obtenir de l'orgueil et de la loyauté des grands du royaume un consentement qui les plaçait sous le joug humiliant d'une race étrangère? La nation entière aurait-elle abjuré tout-à-coup son ancienne coutume et méconnu le sang de ses rois? Ainsi le fait de l'usurpation de Hugues Capet, bien qu'il soit à-peu-près généralement adopté, n'est pas encore tellement prouvé, qu'il ne puisse donner lieu à des discussions historiques que le temps et les bornes de cette réfutation ne me permettent pas d'entreprendre.

Sous ce prince, il se fit un changement notable que nous avons indiqué plus haut, dans le système féodal. Les seigneurs qui s'étaient prévalus de la décadence de la race de Charlemagne pour se former des états particuliers, ne regardèrent plus le trône que comme le centre d'une confédération, dont l'objet était moins de se conserver dans l'égalité, que d'opposer des efforts communs aux entreprises de la royauté. Voilà le véritable esprit du système féodal à cette époque.

CHAP. X, LIV. III. « Louis-le-Gros ne se reposa pas qu'il » n'eût dompté le séditieux Gui de Rochefort. Il employa » la même énergie et la même patience contre le révolu- » tionnaire Marle de Coucy; il n'accorda pas davantage de » relâche aux pratiques factieuses du fameux gouverneur » du château de Puiset. »

L'auteur se trompe évidemment : c'est Hugues de Rochefort (1), dit de Crécy ou de Montlhéry; fils puîné de Gui, comte de Rochefort, qui était mort alors. La révolte eut lieu sous le ministère d'Anseau de Garlande. Hugues fit prisonnier Eudes, comte de Corbeil, qui n'avait pas voulu le servir contre le roi. Cet Eudes était son frère utérin, et fils de Bouchard, comte de Corbeil. Gui de Rochefort l'aîné ne s'unit à la révolte de son frère qu'à son retour de la Terre-Sainte. Une circonstance que l'auteur a omise ou ignorée, c'est que Philippe de France, frère du roi, prit parti avec les mécontens contre la couronne.

Quant à Thomas de Marle, comte de Coucy, dont parle l'auteur, ce seigneur ne fut pas toujours en guerre avec Louis-le-Gros; car ce prince prit vivement sa défense contre des seigneurs puissans; tels que Robert, comte de Péronne, André de Roucy, Hugues le Blanc, seigneur de la Ferté, qui s'étaient ligués contre Thomas, dont les violences s'étendaient indistinctement sur toute la noblesse de son voisinage. Les seigneurs même, malgré leurs instances, ne purent rien gagner sur l'esprit de Louis-le-Gros. Ce prince changea par la suite ses dispositions favorables à Thomas en une animosité dont voici la source : le roi, qui

(1) Histoire des ministres d'état, pag. 139.

affectionnait les gens d'église maltraités par Thomas, avait précédemment, dans un procès qui s'était élevé entre Enguerrand, père de Thomas, et l'évêque et les chanoines d'Amiens, donné gain de cause à ceux-ci, et leur avait permis d'établir une commune. Cet établissement faisait un tort réel aux droits de Thomas, relativement à son comté de Coucy. Ainsi, comme on le voit, le clergé n'était pas toujours uni avec la noblesse pour lutter contre le pouvoir royal. On peut affirmer que c'est la haine de Thomas pour les gens d'église, qui le porta à heurter la puissance de Louis-le-Gros.

La révolte du baron de Puiset eut une toute autre cause que celle que lui assigne l'auteur (1). On peut assurer que cette affaire fut personnelle à l'abbé Suger, et que l'intérêt du ministre plus que celui du roi en fut le premier moteur. Personne n'ignore que Louis-le-Gros avait une affection toute particulière pour les ecclésiastiques : Suger fut pourvu, par une faveur du roi, du prieuré de Toury, situé près la terre de Puiset en Beauce. Ce prieuré relevait de l'abbaye de Saint-Denis, qui y possédait des droits honorifiques considérables, une belle châtellenie et plusieurs autres grands fiefs. S'attaquer à l'abbaye de Saint-Denis, l'objet de la protection spéciale du roi, c'était provoquer le pouvoir et l'animadversion de ce prince; on ne peut douter que Suger, dont les vues s'étendaient au-delà de son ministère, n'eût prévu le résultat de cette rebellion. Le baron de Puiset commettait, il est vrai, de nombreuses exactions sur les terres relevant de cette abbaye; mais Suger, dont le caractère était d'une rigidité extrême, les lui fit payer bien chèrement. Il est certain qu'après la mort d'Eudes, comte de Corbeil, Suger, en égoïste adroit, rompit les conférences, dès que le baron de Puiset, pour prix de la cession qu'on exigeait de lui, demanda le rétablisse-

(1) Histoire de Corbeil, par de la Barre, pag. 109 et suiv.

ment de son château ; et il n'est pas moins certain qu'il fallut toute l'intégrité du conseil, pour que les menées de Suger ne fissent pas refuser un accommodement si avantageux à l'état.

Dom Gervaise reproche à Suger d'avoir, sans autre but que d'épargner quelques dommages à la prévôté de Toury, risqué de sacrifier son roi, l'armée et l'état (1).

Ce fut sous le règne de ce prince que les cultivateurs prirent à cens les terres qu'ils cultivaient comme serfs. L'établissement des communes éleva des barrières contre l'ambition des grands vassaux. Des affranchissemens furent faits en plusieurs provinces par les seigneurs à l'exemple du souverain. Ces avantages furent d'autant plus précieux à la nation française, que les croisades, dans ce siècle, avaient été funestes à la France par la perte d'une partie considérable de la noblesse du royaume.

(Louis VII, dit le Jeune, quarantième roi, 1137.)

Chap. XII, Liv. III, *pag.* 237. « Ce fut bien inutilement » qu'il déchira son froc, son capuchon, son manteau pour » en faire des croix ; il rencontra dans sa mission beaucoup » de seigneurs tièdes et nonchalans qui préféraient alors » jouir d'une liberté anarchique en France, *plutôt* que » d'avoir la gloire d'aller pleurer sur les pierres du Saint-» Sépulcre. »

Ne pourrait-on pas accuser, avec quelque raison, Louis-le-Jeune d'avoir persécuté avec trop d'animosité Thibaud, comte de Champagne et de Brie ? Saint-Bernard blâme ce prince de cette rigueur, et, dans une lettre à l'abbé Suger, il l'accuse d'y avoir contribué par ses conseils ; la réparation de cette injustice fut un des motifs qui engagèrent Louis à entreprendre son voyage de la Terre-Sainte. Saint-Bernard reproche encore à Suger la mésintelligence qu'il avait

---

(1) Histoire de Suger, tom. Ier, pag. 223. Réflexions sur Suger, par l'abbé d'Espagnac.

suscitée entre le roi et le pape Innocent, au sujet de l'archevêque de Tours, affaire dans laquelle le comte de Champagne se trouvait impliqué. L'impartialité est le premier devoir de l'historien. L'auteur l'a-t-il toujours rempli? Ainsi le zèle de Suger pour l'église fut souvent l'occasion des troubles qui agitèrent le règne de son protecteur et de son maître. Tous les historiens sont d'accord sur ces faits.

(Philippe-Auguste, 1194.)

Chap. XIV. « Si le roi Philippe-Auguste usait de grands » ménagemens envers la noblesse, il n'en combina pas moins » des moyens propres à se soustraire au danger des révoltes » et à l'esprit d'indépendance. »

« La noblesse est portée à défendre le trône; lorsque Philippe II fit entendre aux oreilles des Français le mot de liberté, la couronne fut toujours soutenue par cette noblesse qui tient à honneur d'obéir à un roi. »

« On a vu la maison d'Autriche travailler sans relâche à opprimer la noblesse hongroise. Elle ignorait de quel prix elle lui serait un jour. Elle cherchait chez ces peuples de l'argent qui n'y était pas; elle ne voyait pas des hommes qui y étaient. Lorsque tant de princes partageaient entre eux ses états, toutes les pièces de sa monarchie, *immobiles* et sans action, tombaient pour ainsi dire les unes sur les autres. Il n'y avait de vie que dans cette noblesse qui s'indigna, oublia tout pour combattre, et qui crut qu'il était de sa gloire de périr et de pardonner (1). »

Si maintenant j'affirme que Montesquieu a discuté l'existence sociale de la noblesse, avec le discernement et l'impartialité qui distingent un législateur, je suis assuré que l'on m'objectera que sur cet article, Montesquieu a laissé voir un intérêt pour sa caste, une prédilection particulière pour un ordre dont il était membre, qu'il n'y a que

(1) Montesquieu, Esprit des Lois, Liv. VIII, chap. IX.

ceux qui n'ont point l'esprit de corps qui peuvent en parler sans partialité, et que l'on récusera d'avance tout noble qui voudra aborder une question à laquelle sa qualité doit l'affectionner. Mais on peut à bon droit rétorquer l'argument des adversaires de la noblesse, en soutenant qu'ils ne sont pas, par des raisons tout opposées, appelés à la discuter sans partialité.

Page 249. « L'Anglais-Normand, sorti de France, tenta » à toutes les époques *historiques* d'y rentrer ; il remua » dans sa bourse les guinées pour les faire désirer à ceux » qui aiment à vendre leur conscience, leur probité et » leur patrie. Le roi ressentit son influence de tous côtés ; » il la reprocha publiquement à tout le monde, jusqu'aux » légats du pape qui osèrent lui montrer des lèvres jaunies » par l'or des guinées anglaises. »

On sent bien qu'ici le mot de guinée est synonyme d'or, supposant toutefois que l'auteur l'ait voulu ainsi ; mais il n'en est pas moins impropre, sans compter la bizarrerie de toutes les expressions ; en général l'auteur n'est pas heureux dans le choix de ses métaphores. Le nom de guinée vient à cette monnaie de ce qu'elle était fabriquée avec de l'or provenant de la Guinée. Les Dieppois ne découvrirent le pays qu'en 1364 ; les Anglais n'y formèrent d'établissement qu'au commencement du quinzième siècle ; or les lèvres des légats du pape n'ont pu être jaunies en 1214, par l'or des guinées qui n'existaient pas.

(Louis VIII, 1223.)

Chap. XVI. « Confédération séditieuse contre la puissance » royale sous Louis VIII. »

L'auteur, dans les deux chapitres consacrés au règne de Louis VIII, n'a pas jugé à propos de dire un seul mot de la chevalerie ; il a sans doute eu ses raisons pour garder le silence. Je vais le suppléer.

C'est à la galanterie naturelle aux Français envers un

sexe aimable, que l'on doit l'adoucissement des mœurs jusqu'alors empreintes de rudesse et de barbarie. La chevalerie lui doit son origine; elle forma une association militaire et sacrée entre les comtes, barons et hauts seigneurs, qui juraient de servir l'état, et de consacrer à sa défense leurs biens et leurs vies. Le nom de frères d'armes était une adoption formée par l'honneur, l'estime et les sentimens les plus héroïques. La gloire du frère d'armes et celle du chevalier étaient inséparables. Le juste persécuté, le vassal opprimé par un seigneur inhumain, le seigneur menacé par des vassaux rebelles, ne réclamaient point en vain le secours et le bras d'un chevalier. L'infamie eût été le châtiment de son refus. La sincérité, la bonne foi étaient l'ame des promesses. Foi de gentilhomme et de chevalier, ce serment était inviolable. Le mensonge et les vices étaient marqués du sceau de l'opprobre. La simple parole d'un chevalier suffisait pour briser ses fers. La chevalerie, dans le douzième et le treizième siècles, fut la force militaire la plus imposante de la monarchie française. Elle produisit une foule de héros : nos rois l'opposèrent, non seulement dans leurs guerres en Europe et en Asie, mais aussi contre la tyrannie des grands vassaux, lorsque les plus puissans se révoltaient contre le souverain. La justice et les lois reprirent leur force sous la protection de cet ordre illustre, l'asile et le foyer des vertus guerrières qui ont si long-temps contribué à la gloire et au salut de l'état.

(Louis IX, 1225.)

Chap. XVIII. « Blanche, mère de Saint-Louis, usant de » son titre de régente du royaume, fit expédier sur-le-champ » à tous les seigneurs des lettres de convocation pour le » sacre de son fils; la pluspart des comtes et des barons » n'obéirent point à cet ordre loyal. Ils étaient déjà occupés » dans les provinces à concerter de quelle manière on » s'y prendrait pour écarter du trône héréditaire le jeune » prince. »

Tous les seigneurs, ou du moins une grande partie, ne s'y refusèrent point; mais ils crurent devoir demander, avant le jour marqué pour le couronnement, que, selon la coutume de France, on délivrât tous les prisonniers, surtout les comtes de Flandre et de Boulogne, pris à la bataille de Bouvines, et qui depuis douze ans étaient retenus dans les fers contre les libertés du royaume. Ils demandèrent qu'on leur restituât quelques terres, dont les rois Louis et Philippe les avaient injustement dépouillés, se fondant sur le droit qu'avait alors tout seigneur de ne pouvoir être dépouillé de ses biens que par le jugement de douze pairs. On n'écouta pas leurs griefs, et l'on passa outre à la cérémonie. Les comtes de Champagne, de Bar et de Bretagne, ne s'y trouvèrent pas; mais Thibaud, comte de Champagne, peut être excusé sur ce fait, car la reine, indisposée depuis long-temps contre lui, ayant appris qu'il se rendait à Rheims pour assister à la cérémonie, saisit cette occasion de lui faire un affront: elle commanda au prévôt de Rheims de faire sortir de la ville les gens de la suite du comte de Champagne, et de ne pas souffrir que le prince y entrât. Le comte se retira fort courroucé (1).

Page 337. C'est ici le lieu de relever une bévue bien extraordinaire de la part d'un homme qui, ayant mis toute son étude à déverser le ridicule sur la noblesse, tourne contre lui-même l'arme qu'il aiguisait pour la blesser.

« Cette défaite attira aux nobles, de la part du peuple, » le surnom de Jacques bons hommes. *On* les montra au » doigt, *on* les poursuivit avec des huées, *on* leur demandait ce qu'ils avaient fait du roi Jean; quelles nouvelles » ils apportaient de Poitiers (2). » Il n'y a pas grand mal jusque là; mais ensuite *on* les égorgea, *on* les brûla, *on* les dévora; voilà ce qui passe la plaisanterie.

---

(1) Histoire des comtes de Champagne, tom. II, pag. 37.

(2) Ces reproches étaient un peu tardifs, car la bataille de Poitiers eut lieu en 1356, et la Jacquerie en 1358.

Tout le monde avait cru jusqu'à présent, excepté l'auteur, à moins que ce ne soit une malice de sa part, car l'erreur est par trop grossière, et qu'il n'ait compté sur l'inattention du lecteur, que ce sobriquet avait été donné par les nobles aux paysans révoltés. «

En 1358, dans les provinces de Picardie, du Soissonnais, du Beauvoisis, et dans presque tout le nord de la France, et dans l'Ile-de-France, des paysans armés massacraient impitoyablement les nobles, et tuaient même ceux de leur classe qui refusaient de se joindre à eux.

Le roi de Navarre qui les avait mis en jeu et déchaînés contre la noblesse, témoin de leurs excès, ne vit d'autre moyen d'arrêter leur furie que de les faire tous passer au fil de l'épée.

Ces soulèvemens auraient eu des suites plus funestes pour la monarchie, sans la politique adroite de Charles V, secondé de la fidélité et de l'énergie de toute la noblesse française.

Tome II, page 2. « Elle paraissait désespérée (la cause » de Charles VI), si on la jugeait d'après la félonie de tant » de comtes, de ducs et de barons. »

C'est à la puissance des grands vassaux, rivaux et indépendans des rois de France, plutôt qu'à la défection de la noblesse, qu'il faut attribuer la malheureuse situation du roi à cette époque. Le corps de la noblesse, eu égard à l'influence de ces grands vassaux, ne pouvait avoir par elle-même qu'une force relative, mais non cette force absolue qui dérive d'une association dont les intérêts sont uniques et tendent au même but. Elle se trouvait divisée entre ces grandes puissances rivales du trône, et en deux factions, celle des Bourguignons et celle des Armagnacs, et par conséquent affaiblie de l'un et de l'autre côté, puisqu'il y avait opposition entre elle et de parti et de sentiment. Elle n'était donc alors qu'un instrument passif, et non l'agent prépondérant de la destruction du trône.

Page 3. « Le prince assassiné ne jeta qu'un cri, mais il » retentit dans toutes les parties de la France; il mit en » agitation les villes et les hameaux; les comtes, les barons, » les chevaliers le répétèrent partout. On jura une ven- » geance commune; il n'y eut pas jusqu'au monarque lui- » même qui, recouvrant un moment de lucidité et de » raison, ne se hâtât de maudire le dauphin et ses con- » seillers. »

Il était tout naturel que l'assassinat d'un prince qui rivalisait en puissance avec le roi de France, causât tant de mouvement, et agitât d'une manière aussi violente tous les nobles ou autres qui tenaient à son parti. Un assassinat, quelque commandé qu'il puisse être par la politique, ne peut jamais être un moyen honorable pour un prince de venger ses injures, et l'histoire, en perpétuant le souvenir de cette action, en absout le dauphin. Méchant homme, dit Mézeray, en parlant du duc de Bourgogne, mais encore s'il se peut plus méchamment tué. L'auteur inflexible n'accorde rien à la noblesse, pas même le remords d'une mauvaise action, le fanatisme seul guidait son cœur et son bras. Voilà un anathême terrible s'il en fut jamais.

(1424.)

Page 11, Chap. XVII. « La noblesse félone aide le roi » anglais à battre Charles VII, roi légitime, à la journée » de Verneuil. »

Ce fut à la témérité de la noblesse française, et non à sa déloyauté, que Charles VII dut la perte de la bataille de Verneuil. L'abbé Milot, que l'on n'accusera pas de la favoriser, dit : « On s'exposa à une défaite pour n'avoir » point la honte de reculer devant l'ennemi. » Voilà un motif honorable et digne des Français nobles ou non nobles.

« Les simples, les ignorans, les gens de basse condi- » tion (1), ne pouvaient pas douter que les nobles Bretons,

(1) Il est constant que la noblesse, séparée du reste des citoyens

» Normands, Poitevins, Bourguignons, et la plupart des » gentilshommes des autres provinces, ne sacrifiassent avec » zèle leurs personnes, leurs biens, leur honneur pour le » succès de l'usurpateur. Tout ce qu'on avait refusé de donner à l'ancien régime des Capétiens, on l'accordait volontiers au régime du monarque anglais. »

Tout ce que l'auteur dit ici est si absurde, qu'on ne voit point quel intérêt si puissant eût pu engager les nobles à favoriser les desseins d'un usurpateur, plutôt que la cause d'un roi légitime; car enfin, sous le joug d'un usurpateur, ce que l'homme a de plus cher après la vie, sa propriété, devait tenter la cupidité d'un vainqueur; et il faut être dépourvu de raison et de tout sentiment d'honneur, pour préférer de se voir dépouillé par les satellites d'un conquérant, plutôt que de rechercher sa sûreté et celle de ses biens sous l'empire doux et paisible d'un roi légitime. C'eût été se déshonorer pour avoir l'unique plaisir de faire le mal.

Page 12. « Si on annonçait que l'Anglais, avec la gendar- » merie française (c'est-à-dire la noblesse), avait passé sur

---

par l'établissement des fiefs, fut chargée particulièrement de la défense de l'état. Cet établissement lui faisait une loi de la seule profession qu'elle jugeait digne d'elle. Dès-lors, seule puissante, seule guerrière, elle fit exclusivement le service de la cavalerie, dont le goût s'était répandu en Europe. Si elle armait des gens de pied, ce n'était que momentanément, et les milices qu'elle levait au besoin étaient plus propres à causer du désordre, qu'habituées à la discipline et au maniement des armes. Lorsque Charles VII eut substitué des forces permanentes et réglées à ces milices, la noblesse perdit tout l'ascendant militaire qu'elle avait depuis si long-temps, et elle dut perdre avec lui, si l'auteur veut bien nous faire cette concession, les moyens d'inquiéter le monarque, puisque ceux-ci se trouvèrent affranchis de l'obligation de chercher son appui, lorsqu'ils étaient en danger. La puissance militaire ne fut plus totalement entre les mains des nobles, qui recherchèrent les emplois militaires et les places d'officiers dont le prince disposait à son gré, et ils s'accoutumèrent insensiblement à dépendre du roi dont ils s'efforçaient de mériter les faveurs.

» le corps des troupes de Charles, et qu'il avait achevé d'é-
» craser le peu de Français bons et loyaux qui servaient la
» patrie avec lui, on s'en félicitait dans les rues, dans les sa-
» lons, comme d'un triomple remporté sur les ennemis de
» la France. »

L'auteur est-il bien convaincu de ce qu'il avance en voulant nous persuader que la noblesse ait pu, de gaieté de cœur, consentir à ce que Charles VII perdît son royaume, tandis que tout dément son injurieuse assertion? Il oublie sans doute les premiers torts de ce monarque, torts qu'il sut si bien réparer par sa conduite ultérieure; il ne devrait point ignorer que souvent la noblesse lui reprochait sa nonchalance, ce qu'elle n'aurait certes pas fait si elle eût été achetée d'avance par *les guinées anglaises*, si elle eût été déloyale et infidèle, puisque cette nonchalance aurait servi ses projets. Il ne devrait point ignorer que le fidèle La Hire, un des chefs de cette noblesse qu'il outrage si indignement, venant prendre les ordres de Charles VII, le trouva occupé des préparatifs d'une fête; le roi lui en demandant son avis, Je pense, répondit avec amertume ce brave chevalier, qu'on ne peut perdre son royaume plus gaiement. Il ne devrait pas ignorer que sa fidèle Agnès Sorel et la reine elle-même, qui avaient des cœurs tout français, relevèrent souvent son courage abattu, et que : « Tandis que ce prince, dit l'abbé Milot, obsédé par La Tremouille, son favori, et par ses maîtresses, languissait dans l'indolence, le courage de la noblesse faisait tout pour lui. » Voilà des faits irrécusables; voilà quelle était la situation de la France; mais « Dieu, qui la regardait en pitié, et qui l'a toujours, en toutes ses misères, regardée de même œil, dit l'historien Du Haillan, fit naître tout à propos Jean, bâtard d'Orléans, Pothon de Xaintrailles, La Hire, Baudricourt, et autres vaillans chevaliers qui, par leur vaillance et vertu, suppléant à l'imbécillité de leur roi, la conservèrent. Voilà la majesté et le nom du roi en mépris, tant pour sa nonchalance que pour ses malheurs, quand ces braves chevaliers relevèrent la France et le roi de leur ruine présente, par un miracle de religion (l'apparition de la Pucelle). »

Page 17. « Ce chapitre est consacré à l'histoire de la Pucelle d'Orléans. »

Des faits que la tradition s'était plu à décorer des prestiges d'une inspiration divine, des traits d'héroïsme et de courage auxquels la France fut redevable de son salut, et qu'un poète trop célèbre, sans respect pour la gloire de nos ancêtres, a revêtus des charmes d'une poésie licencieuse, des souvenirs enfin que le temps transmettait avec une vénération religieuse aux races futures, sont retracés avec une grossièreté qui doit soulever tout lecteur zélé pour la gloire de son pays et guidé par le bon goût.

« La jeune gardienne de moutons, arrivée aux portes du » palais, les portes ne s'ouvrirent point aussi-tôt devant » elle ; les rois se palissadent de comtes et de barons qui dé» fendent leur approche, comme si les autres sujets étaient » des ennemis à craindre ; il fallut attendre la lettre d'un » gentilhomme introducteur. »

Ce reproche s'adresse directement aux rois. Quelles idées l'auteur attache-t-il à la majesté du trône ? de quoi veut-il qu'on l'entoure ? Saint-Louis rendant la justice, n'était-il pas accessible à ses sujets, quoiqu'entouré des grands de sa cour ? Le bon Henri se plaignait-il qu'une foule importune de seigneurs lui dérobât la vue d'un paysan français ? Louis le grand (1), voulant fixer ses regards majestueux sur son peuple, était-il obligé d'écarter ce grand nombre de géné-

(1) Louis XIV, attentif aux besoins particuliers de ses moindres sujets, voulut en être instruit comme des plus grandes affaires de l'état. Il ordonna que les portes de son palais fussent ouvertes à tous ceux qui auraient des placets à lui présenter, et les plus malheureux eurent la consolation de pouvoir porter *librement* leurs plaintes et leurs demandes jusqu'au pied du trône. Ce fut le sujet d'une médaille frappée en 1661. Le roi y est représenté recevant les placets que lui remettent les

raux illustres, de magistrats vénérables, de ministres habiles qui concouraient tous à l'éclat et à la dignité du trône ? les grands réfléchissaient les rayons de sa gloire, mais ne les absorbaient point. Les dignes fils de France attendent-ils la permission des guerriers qui les entourent de leurs respects et de leurs hommages pour faire entendre à tous les Français les expressions gracieuses qui coulent de leur bouche comme de source, et dont les sentimens sont dans leurs cœurs ?

Jeanne d'Arc trouva de l'opposition parmi les capitaines et les gens de guerre, dit l'auteur, cela devait être ; cette opposition avait un but raisonnable : on craignait de prêter à la risée des généraux ennemis qui auraient lieu de s'étonner que les principaux d'une nation réputée si spirituelle, ajoutassent foi aux promesses d'une jeune villageoise sans expérience ; mais lorsque la politique, eu égard aux circonstances et aux mœurs du siècle, eut prévu tout le parti qu'on pouvait tirer d'une inspiration venue pour ainsi dire du ciel, les grands s'empressèrent des premiers de se ranger sous les étendards de la Pucelle, et de secouer le joug des Anglais. Le courage inspiré d'une jeune fille devint le signal de la délivrance de la patrie ; on ne fut plus étonné de voir les généraux de la nation, tous grands seigneurs, le maréchal de Saint-Sever, Gilles de Laval, le seigneur de Gaucourt, La Hire, Pothon de Xaintrailles, Culant, toute la noblesse française, même les ecclésiastiques de la hiérar-

---

vieillards, les veuves et les orphelins. La légende porte ces mots : *Facilis ad regem aditus ;* avec l'exergue M. DC. LXI.

« Le roi, en revenant de la messe, jetait toujours les yeux de côté et d'autre, et, par son air et ses regards, invitait à l'approcher. Un jour un suisse, quoique le passage fût assez large, criait de faire place, et repoussait plusieurs personnes : « Ne voyez-vous pas, lui dit Louis XIV d'un ton sévère, que voilà une femme qui a un placet à me présenter ? » Il renfermait les placets qu'on lui donnait dans une cassette dont lui seul avait la clef. » (Saint-Foix, tome 3, page 193.)

chie la plus élevée, favoriser des desseins que le ciel semblait inspirer par la voix d'une jeune fille, suivre son impulsion prophétique dont le but était l'expulsion des Anglais et le couronnement du roi légitime. « Il fallait sans doute à la Pucelle, pour exécuter de si grandes choses, un siècle tel que le sien; la France aurait subi le joug si l'on eût été alors assez raisonnable pour ne pas croire à ses révélations; mais avec une raison plus éclairée, on eût peut-être évité les fautes et les malheurs qui rendirent cette ressource nécessaire. » Après que la Pucelle eut fait couronner le roi à Rheims, croyant sa mission remplie, elle voulut se retirer; mais les ordres du roi et les instances des seigneurs la retinrent.

S'il est une époque à laquelle la noblesse ait des droits à la reconnaissance de la nation, c'est sans contredit celle-ci, car c'est à l'accord parfait qui exista entre le prince et ses sujets, et surtout à la déférence des seigneurs aux inspirations de la Pucelle (1), que la France fut redevable de son salut. Il n'y a dans toute cette période que les Anglais qui se deshonorèrent par l'abus qu'ils firent de la victoire.

Relativement à la défense d'Orléans, Charles VII vou-

---

(1) Guillaume Postel, dans son Apologie contre les détracteurs de la Gaule, réfute avec vigueur du Bellai de Langey, qui s'avise par singularité de révoquer en doute le fait extraordinaire et merveilleux de la Pucelle d'Orléans.

Cette héroïne incomparable qui a relevé, si l'on peut ainsi parler, cette monarchie chancelante, et qui lui a rendu le lustre dont elle était déchue par la mollesse du roi Charles VII. Il dit, entre autres choses : « C'est nier que du temps de la Pucelle il y eût jugement » suffisant pour connaître si c'eût été une imposture. Ce qui est rendre » le siècle de nos pères ou pires ou moins que bêtes. Où sont tant » d'écrivains de ce temps-là qui ont tous récité les miracles et faits » merveilleux et prophéties de ladite Pucelle? Où est la grandeur de » la noblesse française qui s'est ainsi laissé brider que d'obéir à une » jeune fille? Comment ont été les Anglais au procès qu'ils lui ont » fait si mal caults et si peu avisés, etc., etc. »

lait absolument l'abandonner; sans les instances de la reine et d'Agnès Sorel, il ne serait pas revenu d'une démarche qui le déshonorait et qui décourageait sa noblesse. Le seigneur de Gaucourt, secondé par Dunois, fit des prodiges de valeur, et conserva cette place au roi.

Les miracles de la Pucelle d'Orléans avaient été secondés par les efforts extraordinaires de valeur du comte de Dunois, de La Hire, de Pothon, d'Illiers, et d'une infinité de noblesse plus guerrière en ce siècle-là qu'elle n'avait été dans les siècles précédens, et Charles VII avait d'autant plus d'obligation à ces braves chevaliers, qui lui avaient aidé à recouvrer sa couronne, qu'ils avaient servi *sans solde* (1), *et sans aucune autre* considération que celle de son droit. Il les avait récompensés des principales charges, et des gouvernemens des provinces, et il avait rempli son conseil des principales têtes d'entre eux. Il n'avait point eu lieu de s'en repentir, puisque d'un côté ses ordres étaient exécutés avec une exactitude et une fidélité inviolables, et que, de l'autre côté, les Anglais avaient désespéré de se rétablir en France, lorsqu'ils avaient vu les plus importantes places de l'état défendues par les mêmes gens qui les avaient prises sur eux.

Page 29. « Il avait emprunté (le dauphin Louis XI) des » seigneurs qui l'entouraient l'impatience de régner, il crut » la satisfaire en s'abandonnant au zèle criminel des enne» mis de son père et de la paix publique. »

Ce fut le duc d'Alençon qui inspira au Dauphin des sentimens de révolte; ce parti, appelé la Praguerie, fut de courte durée. La jalousie des généraux et des seigneurs, contre le connétable de Richemont, en fut la véritable source; et comme tous ces différens partis n'étaient au fait que des intrigues particulières, ce roi put aisément les étouffer

(1) Lorsque Charles VII eut reconquis son royaume, *par les services presque toujours gratuits de sa noblesse.* — Voltaire, Hist. du parlement, pag. 54. Voilà pour les libéraux une autorité irrécusable.

dans leur naissance, ce qui certes ne lui aurait pas été facile, s'il y eût eu un plan tracé de longue main contre la royauté.

CHAP. XXIII. « La modération royale ne convertit pas la » noblesse de Guienne ; on avait oublié sur les bords de la Ga» ronne qu'on avait autrefois fait partie de la monarchie fran» çaise ; les Gascons n'éprouvèrent aucune joie de ce retour. »

Tout ce chapitre est écrit d'un ton d'aigreur tout-à-fait remarquable. L'auteur aurait-il par hasard quelque vieille rancune contre les Bordelais ?

Les comtes de Dunois, de Penthièvre, de Foix, d'Armagnac, du Chatel, qui firent rentrer la Guienne sous l'obéissance du roi, étaient des *gentilshommes révolutionnaires*, le duc de Richemont était *un traître ;* ce seigneur avait l'ame toute française, mais il était ombrageux à l'excès. Le roi fut obligé de lui sacrifier, tant il lui était utile, des seigneurs qu'il affectionnait. Tannegui du Chatel, par une générosité rare dans un courtisan, s'exila lui-même, préférant la gloire de son maître à l'éclat de la faveur. « Heureux, dit un écrivain (1), d'avoir eu à ses ordres de grands capitaines et une noblesse valeureuse. On donna à Charles VII le surnom de victorieux, de restaurateur de la patrie, mais ce fut moins son ouvrage que celui de ses fidèles serviteurs, *c'est-à-dire, la noblesse révolutionnaire de l'auteur*, et surtout de l'immortelle Jeanne d'Arc, dont l'ame héroïque eut, sur les esprits faibles et crédules de ce temps, tout l'empire que donnent l'enthousiasme et la valeur. » Il ne restera d'autre ressource à l'auteur que celle de s'inscrire en faux contre tous ces faits.

Ne peut-on pas reprocher à l'auteur d'avoir oublié le trait de générosité de Philippe-le-Bon, duc de Bourgogne, qui, étouffant la haine qui divisait les maisons de Bourgogne et d'Orléans, racheta, de ses deniers, le duc d'Orléans, prisonnier en Angleterre? Jamais usage des richesses ne fut plus noble, jamais oubli ne fut plus généreux ; mais Philippe-

(1) Laboulinière, tom. II.

le-Bon était noble. Ce qui est amer coule de source de la plume de l'auteur ; ce qui est grand et généreux ne lui sourit donc pas ?

(Règne de Louis XI.)

CHAPITRE XXV. Nous voici parvenus à l'époque à laquelle la noblesse a éprouvé les plus grands malheurs. Je devais m'attendre que l'auteur développerait tous les moyens que pouvaient lui suggérer ses préventions et son animosité contre elle. Je croyais avoir besoin de rassembler en faisceaux toutes les armes que pouvait me prêter le raisonnement ; je craignais même de succomber dans une lutte où l'expectative de la victoire était incertaine ; mais en lisant les chapitres consacrés au règne de Louis XI, je me suis rassuré, et toutes mes précautions me sont devenues inutiles. L'auteur est resté loin du but que son opinion devait lui faire atteindre ; en s'éloignant de la carrière il a prouvé qu'il n'était pas assez fort pour y entrer : dois-je lui en savoir gré pour son compte et le mien ? a-t-il été retenu par ce sentiment intime de sa conscience qui lui criait que ce serait une cruauté d'accabler des victimes ? S'il en était ainsi, ce sentiment l'honorerait à mes yeux, et son livre serait absous de la plus incroyable partialité.

Page 41. « Obligé comme son père à se défendre sans » cesse contre les conspirations et l'indépendance anarchique de la noblesse de son royaume, Louis XI ne vit, pour » son salut, d'autres moyens à employer que ceux qu'on lui » opposait pour le détruire. A force de se mesurer avec son » ennemi, on apprend de lui le secret de le vaincre. Il pratiqua en effet sur le trône une morale fort équivoque, » mais il dut l'assimiler à celle des gentilshommes de son » temps, dont la turbulence, la mauvaise foi et les trahisons » ajoutèrent tant de défauts au caractère naturel de leur » souverain ; *on* s'arme au moral et au physique à-peu-près » comme son ennemi, et souvent *on* est plus inventif que lui. »

Voilà, il faut en convenir, au physique comme au moral,

d'excellentes raisons, un plan de conduite bien conçu, une politique bien adroite, des vues bien profondes, et surtout une morale bien religieuse.

Louis, dont le caractère impérieux ne pouvait souffrir rien qui lui fît obstacle, avait formé en montant sur le trône le dessein d'abaisser les grands. Un roi qui comptait pour rien les princes de son sang, qui laissait les principaux de l'état sans considération, qui ôtait, sous le moindre prétexte, les dignités à ceux qui en étaient revêtus, ne devait pas espérer de conserver long-temps la paix dans son royaume. Les traités de Conflans et de Saint-Maur-des-Fossés, sont moins une preuve de l'habileté de Louis XI, que de sa faiblesse. On peut dire qu'à sa maxime favorite, *qui ne sait pas dissimuler ne sait pas régner*, il joignait bien souvent par la pratique celle de diviser pour régner, car il se fit une étude constante de brouiller entre eux les princes et les seigneurs, pour les accabler ensuite plus facilement, en affectant surtout d'accorder des grâces et des distinctions qui flattaient d'autant plus ceux qui les recevaient, qu'elles excitaient la jalousie des autres.

Sous le règne tyrannique de Louis XI, la violence la plus inouie fut exercée contre la noblesse; elle connut les cachots, la torture et les supplices. Le grand prévôt Tristan, que ce prince appelait familièrement son compère, mit en pratique envers les seigneurs les plus puissans, la loi destructive de l'égalité. Ce système hardi, qui demandait, pour être exécuté, une tête inflexible, secondait les intérêts particuliers du monarque, et devait donner une nouvelle face à la monarchie. Avant Louis, les rois de France cherchaient leur appui dans la noblesse: lui, non content de la rabaisser par toutes sortes d'humiliations, mit tous ses soins à se passer d'elle. Les rois, ses prédécesseurs, choisissaient dans la classe des nobles, leurs favoris, leurs ministres, leurs compagnons d'armes et de plaisirs; Louis XI éleva jusqu'à lui les plus vils parmi le peuple, en fit ses plus chers favoris, les comble d'honneurs, de dignités, et leur partagea les plus grandes places de l'état : ce fut le règne de la délation, de la violence, de la confiscation et de la mort; mais ce prince avait besoin de pareils moyens pour alimenter son insatiable cupidité, et affermir le système naissant de son odieuse politique; cet état ne pouvait et ne devait pas durer, il devait avoir une grande influence sur la marche subséquente du gouvernement français, et porter le coup de massue au système féodal; mais il constituait Louis XI en état de guerre permanent.

Ce furent en effet la duplicité et la fourberie de Louis XI qui lui suscitèrent toutes les affaires fâcheuses qui signalèrent son règne, et dont il ne parvint à se tirer qu'à force de ruses et d'artifices; ce prince fut toujours rongé par les mêmes inquiétudes dont il voulait traverser le gouvernement de ses voisins, et fut souvent pris dans les mêmes piéges qu'il tendait aux autres.

Ses intrigues et ses crimes donnèrent au terrible duc de Bourgogne des armes puissantes contre lui, et lui fournirent des prétextes plausibles, des causes même légitimes, de le décrier dans toute l'Europe, et de le faire détester dans son royaume. Charles VII, son père, eut une conduite tout opposée : il rejeta toutes les occasions d'agrandir ses états en violant la justice; il dédaigna cette politique barbare qui s'imagine que pour régner avec gloire il faut semer et entretenir la discorde dans les cours étrangères.

Lorsque M. Garnier, traçant le tableau de comparaison de Louis XI et de son rival, dit, « J'oserais assurer que si Louis n'eût pas alors régné, c'en était fait de la France, » son assertion peut être combattue, et n'est fondée que sur des moyens politiques qu'un prince ne peut pas toujours avoir à sa disposition; elle est en outre une véritable pétition de principes. L'application de Charles VII, dans les dernières années de son règne, à maintenir l'ordre et l'union dans ses états; la bonté de Charles VIII, entouré de l'estime et de l'amour de ses sujets, eussent été des barrières plus fortes contre les projets ambitieux de Charles-le-Téméraire, que toute la politique astucieuse de Louis.

Un des moyens dont s'est servi Louis XI, pour abolir le système féodal, fut d'accorder la noblesse à tous les possesseurs de fiefs, au moyen d'une taxe connue sous le nom de droit de franc-fief, afin de confondre l'ancienne noblesse avec la nouvelle, et d'affaiblir la première en l'avilissant. Voyons quels furent les motifs de sa conduite.

Il ne put jamais pardonner aux grands du royaume de ne l'avoir pas secondé dans le cours de ses intrigues contre le roi son père, lorsqu'il était dauphin, et jamais, étant devenu roi, il ne put revenir de ses injustes préventions, soit que la haine fût inextinguible dans son ame, soit qu'il voulût en profiter pour assouvir son insatiable avarice. « Et malgré les instances et les conseils du duc de Bourgogne, qui lui représentait vainement que si la noblesse l'avait désobligé, en souffrant qu'il demeurât dans un si long exil, sans remuer, elle avait abondamment expié ce qu'il y avait de criminel dans cette négligence, en prenant aussi grand soin de lui conserver ses droits, que son absence et les autres circonstances qui lui étaient contraires, n'avaient pas causé dans l'état le moindre désordre, qu'une fidélité si inviolable à son souverain était une marque assurée que ses gentilshommes avaient oublié de l'avoir, ou qu'ils étaient persuadés ne l'avoir pas fait, et que dans l'un ou l'autre cas il était avantageux de les imiter dans leur oubli ou dans leur opinion (1). » Louis XI n'était pas homme à suivre d'aussi bons conseils.

Aussi la vie de ce prince se consuma-t-elle dans une anxiété continuelle, et sa conduite, basée sur sa maxime favorite, exposa fort imprudemment sa personne et son royaume aux chances incertaines d'une politique astucieuse, et aux dangers de la carrière de ruses et d'intrigues qu'il s'était ouverte. La légitimité seule fut son *palladium*.

---

(1) Histoire de Louis XI, par Varillas, pag. 93.

Page 72. « Les gens raisonnables et tranquilles se plai-
» gnirent de ce que le mot patrie, ne pouvant prendre
» racine dans la tête des nobles de leur temps, était tou-
» jours confondu par eux avec celui de roi ou d'empe-
» reur. »

Les nobles ont toujours senti la valeur de ce mot. La patrie et le roi sont synonymes pour eux ; ils sont tous les deux gravés dans leurs cœurs, et c'est précisément parce qu'ils ont confondu leur affection pour l'une et pour l'autre, qu'ils n'ont pu détacher les intérêts de la patrie de ceux de leur souverain légitime. Qui ne serait confirmé dans la juste obéissance que l'on doit au souverain, et dans la preuve d'amour que les Français de tous les rangs ont eu pour leur patrie, lorsqu'après la mort fatale de Henri IV, on voit les ducs de Mayenne et de Guise, autrefois si inquiets qu'ils ne pouvaient se résoudre à reconnaître pour maître le véritable successeur de la couronne, devenir cependant sages, modérés et soumis à un roi mineur qui ne commençait à régner que par le plus triste accident qui soit arrivé à ce royaume, où les esprits mêmes n'étaient point encore bien affermis dans la paix et la tranquillité (1)?

Page 99. « Parvenus donc à suivre leur plan de conduite
» révolutionnaire, les Guises et les nobles leurs adhérens
» publièrent que les Huguenots ne pouvaient être que des
» hérétiques, des perturbateurs, des démolisseurs de trônes
» et d'autels, que leurs principes les conduisaient directe-
» ment au régime odieux des républiques. »

Ce sont des faits constans. Un grand nombre de catholiques furent victimes de la fureur des calvinistes ; le Médoc, le Quercy, la Basse-Guienne attestent leurs excès. Ils signalèrent principalement leur haine contre les agens de l'autorité royale : le président du Cros, La Mothe Gondrin, gouverneur de Valence, furent assassinés par eux ; des prêtres vénérables furent égorgés à Sainte-Foix, trente-six

(1) Histoire justifiée par Lenglet du Frenoi.

églises furent démolies par les prétendus réformés de Montpellier ; des objets inanimés, des cendres froides, et les dépouilles mortelles des aïeux de nos rois, défendues par le respect dû à la religion des tombeaux, ne furent point à l'abri de leur rage fanatique ; ils violèrent les sépulcres de Jean d'Orléans à Angoulême, de Louis XI à Cléri, de Jeanne de France à Bourges, de François II à Orléans, de Condé à Vendôme.

Le dessein des calvinistes d'établir en France, à l'exemple des confédérations suisses, des républiques indépendantes, non seulement fût proposé, mais dressé dans l'assemblée de la Rochelle. Ce système meurtrier d'une république fédérative remontait déjà aux synodes tenus en 1563, 1572 et 1573, dans les villes de Chaalons et de Nismes. En 1576, il se forma à Nismes une confédération de catholiques et de protestans, sous le nom de politiques ; ils firent entre eux un traité d'union qui, suivant de Thou, tom. III, liv. LX, n'était rien autre que l'établissement d'une nouvelle république. Voyez aussi ce que dit à ce sujet l'abbé de Mably, dans ses observations sur l'histoire de France, liv. VIII, chap. 1. Des cris séditieux *de république* furent poussés dans l'assemblée tumultueuse du parlement, tenue le 13 mars 1649. Sully, ambassadeur auprès du roi Jacques Ier, découvrit que l'on faisait des propositions à ce prince afin qu'il en favorisât l'exécution ; il le confirme dans ses mémoires. Le ministre Jurieu rappelle ces faits dans une de ses lettres, et le président Hénault (1) fixe à huit le nombre des départemens ou cercles dans lesquels la France allait se trouver morcelée, et la royauté engloutie. Les écrivains les plus estimés sont d'accord sur ce point. Il n'était, dit Cayet, Hist. de Henri IV, tom. II, pag. 443, que gens turbulens, lesquels voulaient réduire l'état de la France en une république, dans laquelle ils se promettaient de faire les souverains. Ils se saisissaient, dit

(1) Abrégé chron., tom. II, pag. 642.

l'Étoile, Journal de Henri IV, tom. Ier, pag. 158, des meilleurs citoyens, et les pillaient sous ombre qu'ils étaient royalistes. Le cardinal Bentivoglio, cet esprit fin et délié, qui se trouvait en France à ces désastreuses époques, se plaint des tentatives des protestans. « Dell tutto contraria » senza dubbio all'autorità reggia è questa republica popu- » lare che gli ugonotti cercano di stabilire nel regno. » Lettere, pag. 101. — Voltaire, qu'on ne récusera pas sans doute dans une pareille matière, a dit à cet égard : « L'amour de la liberté si naturel aux hommes, flattait alors les réformés d'idées républicaines : ils avaient devant les yeux l'exemple des protestans d'Allemagne qui les échauffaient ; ils élurent pour leur général le célèbre duc de Rohan, l'un des plus grands capitaines de son siècle ; comparable aux princes d'Orange, et capable comme eux de fonder une république. » (Essai sur les Mœurs des nations.) Je laisse aux lecteurs attentifs le soin de faire les rapprochemens dont ces citations inspirent l'idée. Voilà certes une secte qui devait être pour le moins aussi dangereuse que la noblesse *révolutionnaire*, *séditieuse* et *factieuse* de l'auteur.

Page 101. « Les malheurs publics se peignent quelque- » fois mieux à l'esprit par des expressions triviales. »

Il faut avouer que l'auteur de la Noblesse révolutionnaire a usé largement du privilége qu'il s'est conféré. On en jugera par les expressions suivantes :

Page 104. « La faction catholique aurait été prise au » dépourvu, si le gentilhomme huguenot de la Reynaudie, » *directeur* de la conspiration d'Amboise, n'eût pas été un » indiscret. Il parla trop dans la maison d'un avocat de » Paris ; l'avocat en parlement mourait de faim dans son » étude, faute de cliens. En conséquence, il regarda le » secret qu'on lui avait confié comme une marchandise avec » laquelle il pouvait faire de l'argent. Il savait que les » Guises l'achèteraient fort cher. Il alla donc sans remords » et sans pudeur conclure le marché avec eux. »

Anquetil, dans son Esprit de la ligue (1), ne prête point des motifs aussi peu honorables à l'avocat Avenelle. L'auteur, cependant, le cite comme son garant. L'avocat, étonné de la grandeur de l'entreprise, entrevit les malheurs qui en résulteraient, si elle venait à réussir. L'intérêt de la patrie lui fit dévoiler tout le complot.

Je ne combats cette assertion si peu importante par elle-même, que pour faire voir jusque dans quels recoins ténébreux de cet écrit, on aurait pu porter le flambeau d'une juste critique.

Page 117. « Le chevalier de Montluc (devenu depuis » maréchal de France) devint à son tour l'effroi et l'ex- » terminateur des calvinistes de ces deux provinces. Il se » fit escorter dans ses expéditions par deux bourreaux » qu'il appelait ses valets de chambre; chaque arbre, cha- » que croc, chaque poutre *qu'il rencontrait* lui servait » de potence. Il se serait volontiers nourri de la chair des » réformés, s'il eût été possible de mâcher la peau du der- » nier huguenot. »

Si l'on peut avec raison reprocher au maréchal de Montluc, au connétable de Montmorency (2), au bâtard de Montpensier, une sévérité excessive approchant même de la barbarie, on ne pourra pas du moins les accuser d'avoir voulu *révolutionner* la royauté, puisque par l'effet même de ce zèle si ardent ils servaient trop rigoureusement sans doute les intérêts du trône. Leur cruauté n'avait point pour but leur fortune ou leur vengeance personnelle : ils étaient détachés de tout intérêt autre que celui de la monarchie. « Je veux, disait Montmorency (1) en congédiant les troupes renfermées dans Orléans, que désormais le roi

(1) Esprit de la Ligue, tom. Ier, pag. 48.

(2) Jamais sujet ne fut plus respectueux envers son roi que le connétable de Montmorency. Sa réponse lorsqu'on lui intimait les ordres du roi, était toujours, J'obéirai au roi.

aille en sûreté, sans garde, dans tout le royaume. Sire, dit ce vieillard, en s'adressant à Charles IX et mettant un genou en terre, que les troubles présens ne vous épouvantent pas : je sacrifierai ma vie ainsi que tous vos fidèles sujets pour la conservation de votre couronne. » Il mourut en effet des suites des blessures qu'il avait reçues à la bataille de Saint-Denis.

Page 124, Chap. XLIV. « La Saint-Barthélemy, dans Paris. »

Il est difficile de savoir au juste si l'auteur met totalement ce terrible massacre sur le compte de la noblesse ; n'étant pas bien assuré du crédit que pourrait avoir une pareille assertion, il appelle à son secours sa particule favorite.

« *On* adoucit, *on* savait déjà ; *on* était résolu ; *on* assem- » bla le plus qu'on put de huguenots (pour les tuer) ; *on* » remarquait, *on* ne pensait plus, *on* ne rencontrait plus, » *on* n'avait pas moins envie, *on* désirait, *on* était bien » aise, *on* en vint au calcul de l'or, *on* ne se plaignit » pas, *on* s'envia la liste des victimes, *on* se disputa l'hon- » neur, *on* vanta son papisme, *on* proposa de, *on* ne jura » plus d'être français, *on* remarqua que, *on* échoua dans » la ville romaine (Rome) ; enfin *on* apprit, mais inutile- » ment, que les hommes emploient, comme certains ani- » maux, les pleurs et les cris plaintifs pour tendre des » piéges à la sensibilité, à la bonne foi. »

Voilà l'ingénieuse réflexion qui termine ce chapitre, déjà assez horrible par lui-même, mais qui le devient encore plus par les expressions triviales et dégoûtantes dont l'auteur a surchargé son pinceau.

Il est du devoir d'un écrivain de ne point laisser planer des soupçons aussi odieux sur la noblesse. Eloignés de deux siècles de cet affreux évènement, nos ames sont assez rassises pour le contempler, non sans horreur, mais sans partialité, et il n'est à craindre ni que le nuage des passions vienne obscurcir la lumière, ni que leur chaleur s'exhale contre l'intention. On peut répandre des clartés sur les motifs et les effets de cet événement tragique, sans être l'approbateur tacite des uns, ou le contemplateur insensible des autres. Quand on enlèverait à la journée de la Saint-Barthélemy les trois quarts des horribles excès qui l'ont accompagnée, elle serait encore assez affreuse pour être détestée de ceux en qui tout sentiment d'humanité n'est pas entièrement éteint. Quelques écrivains philosophes qui n'ont pas même lu la dissertation de l'abbé de Caveyrac, ont annoncé que cet écrivain y avait fait l'apologie de la sanglante journée de la Saint-Barthélemy. Le but de l'auteur, au contraire, fut de prouver, en déplorant les horreurs du massacre, que la religion y eut moins de part que la politique, et qu'il y périt beaucoup moins de monde qu'on ne l'avait cru ; la contradiction manifeste qui existe entre des écrivains dont l'autorité est respectable, sur le nombre des personnes tuées à la Saint-Barthélemy, prouve qu'on n'a point de donnée certaine sur ce véritable nombre. Les auteurs calvinistes eux-mêmes, qui, dans l'enthousiasme de leur cause, avaient intérêt de le grossir, sont précisément ceux qui le font moindre : ainsi, Perefixe, catholique, qui voulait faire détester les auteurs de cette tragédie, a écrit qu'il périt 100,000 personnes; Sully, 70,000; de Thou, l'apologiste des huguenots, 30,000; La Popelinière, auteur calviniste, 20,000; Papyre Masson, qui eût voulu que l'action se fût plus étendue sur toutes les provinces, et que le mal eût été plus grand, ne le fait monter qu'à 10,000; et enfin le Martyrologe des calvinistes imprimé en 1582, sur 15,138 personnes désignées dans les massacres, ne donne les noms que de 786.

Caveyrac fut indignement calomnié par Voltaire et sa secte, qui l'ont accusé d'avoir approuvé ce qu'il a si énergiquement détesté ; mais Linguet, dans sa réponse aux docteurs modernes, a pleinement justifié Caveyrac de la fausse imputation et de la calomnie des philosophes.

Personne n'ignore que les catholiques, dans toutes ces réactions religieuses, se sont montrés plus humains, plus généreux et plus sensibles que les calvinistes. Les aveux des écrivains calvinistes sont autant d'éloges de la conduite des catholiques. Mais ceux qui surent le plus allier la grandeur d'ame à la générosité, furent, sans contredit, les seigneurs français: il suffit, pour exciter l'admiration de la postérité, de citer les noms de Gordes, gouverneur du Dauphiné; d'Orthe, commandant à Bayonne; d'Ennuyer, évêque de Lisieux; de Biron, de Bellièvre, de Salignac, de Charny, à Saumur; du comte de Tende à Orléans, de Saint-Hérem à Bourges, de Taneguy-le-Veneur à Rouen; de Mandelot à Toulouse.

Il resterait encore à démontrer si Coligny, dont les écrivains de son parti ont tant vanté la bonne foi et les vertus guerrières, eut véritablement celles qui constituent le bon Français et le fidèle serviteur du roi. Sa vie agitée, ses intrigues, le soin continuel qu'il eut de se faire des partisans, et de narguer ainsi la majesté du trône, *d'entretenir cette bonne guerre civile tant bien inventée, et introduite par ce grand monsieur l'amiral dit Brantome,* qui fut acteur et historien des agitations politiques de son temps, en eussent toujours fait un sujet dangereux et turbulent. Quelques moyens que l'on puisse employer pour le justifier, on se demandera toujours si un homme dont l'autorité formait une seconde puissance dans l'état, ne tendait pas essentiellement à le compromettre, quelle que fût sa vertu. N'avait-on rien d'ailleurs à craindre de ses partisans? Il est constant que les papiers saisis après la mort de l'amiral, contenaient des projets qui eussent suffi pour le faire périr sur un échafaud, si la preuve en eût été acquise juridiquement. Son parti, composé de gentilshommes qui l'environnaient sans cesse, qui lui avaient consacré leurs bras, qui s'étaient liés à lui par serment, et qui se montrèrent si ardens à venger sa blessure, formaient dans l'état une puissance assez formidable pour porter ombrage à un gouvernement que les dissidences de religions, l'audace des confédérés, et le soin de sa propre sûreté, devaient rendre, avec raison, soupçonneux.

Les réformés qui reprochaient tant l'intolérance à l'église romaine, ne haïssaient la persécution que quand elle les regardait. Il en est de la politique comme de la religion; la question encore est de savoir si le roi devait consciencieusement souffrir le calvinisme dans ses états; si deux puissantes religions, rivales l'une de l'autre, n'étaient point, à la longue, plus dangereuses à un royaume, que ne le serait l'extirpation de l'une des deux. Ce n'est pas moi qui avance ces propositions, c'est d'Alembert. Relativement à la Saint-Barthélemy, Naudé, dans ses Considérations Politiques sur les coups d'état, pense bien autrement que l'abbé de Caveyrac, et va beaucoup trop loin : non seulement il fait envisager cette *horrible saignée* comme le seul remède qu'il y eût pour sauver l'état, mais encore il ajoute que c'est une grande lâcheté à tant d'historiens français, d'avoir abandonné la cause du roi Charles IX, et de ne l'avoir pas justifié. Je ne dirai rien d'écrivains tels que Tavannes, Mariana, Davila, Strada, Muret et Belleforest, qui justifient cette affreuse journée.

La France ne pourrait-elle pas enfin demander compte au calvinisme de tous les maux qu'elle a soufferts, et dont il a été la première cause? peut-elle oublier les conséquences funestes des conspirations d'Amboise et de Meaux? Tous ces excès, mis en opposition avec ceux retracés par l'auteur, tendent à prouver que dans les guerres civiles on a à-peu-près autant de reproches à se faire d'un côté que de l'autre.

Chap. XLV *et suivans*. « Manœuvres de la noblesse révolutionnaire pour former la ligue dans Paris et dans le royaume. »

Tous ces chapitres ne sont que des paraphrases de l'ouvrage

intitulé, Esprit de la Ligue. L'auteur, en exploitant cette mine féconde, en empruntant les pensées d'Anquetil, les a revêtues d'épithètes oiseuses, d'images disparates puisées dans son imagination bizarre, d'expressions triviales et indignes de l'austérité de l'histoire. Je ne puis mieux rendre la sensation que m'a fait éprouver la lecture pénible de tous ces chapitres, que de dire, qu'abstraction faite de l'horreur que doivent inspirer les crimes occasionnés par les guerres civiles, et des faits dénaturés dans cet écrit, il m'a semblé que l'auteur avait voulu imiter la verve burlesque de Scarron, et que je lisais un ouvrage intitulé, *Esprit de la Ligue travesti*.

CHAP. III, *page* 178. « Ainsi, les négociations, les marchés, » les conventions, plus que l'épée et le canon, rétablirent » l'ordre, la soumission et le silence dans le royaume; par » ce moyen on lia avec adresse le bras et la langue à la no» blesse factieuse; en se rendant maître des comtes, des ba» rons et des chevaliers, on retirait les haches aux *sapeurs* » *de la révolution*. Ce qui, surtout, redonna la vie aussi » promptement à la France expirante, ce fut l'amnistie gé» nérale, franche et absolue, qu'un roi qui avait fait lui-même » la guerre à son souverain ne pouvait pas refuser à ceux » qui étaient devenus, à leur tour, indociles envers lui. »

Henri IV fut éminemment français par le cœur et par l'esprit; il était digne des temps antiques de la chevalerie. Jamais la noblesse ne vit luire pour elle d'aussi beaux jours que ceux qui remplirent le règne de ce bon roi, qu'une main parricide rendit trop court pour le bonheur de ses sujets. Henri, en s'estimant lui-même, savait rehausser la valeur des autres; aussi l'égalité la plus touchante avec ses gentilshommes entretenait parmi le prince et ses sujets, d'un côté la confiance la plus intime, de l'autre le dévouement le plus absolu. Qu'est-il besoin de faire l'éloge de Jeannin, ce vieux Gaulois qui voulait mener les affaires par les formes anciennes suivant les lois et ordonnances, de La Noue, de Villeroi, du brave Crillon, de l'intrépide Harlai de

Sancy, de Sully, l'ami de son maître, le confident le plus sincère et le plus respecté (1). « Henri chérissait infiniment sa noblesse, et tenait à grande gloire de se dire le chef de cet illustre corps. Quand il comptait les grâces que Dieu lui avait faites, il se glorifiait surtout d'avoir toujours quatre mille gentilshommes à sa suite capables de combattre la plus grande armée qu'on pût lui mettre en tête. » Un ambassadeur d'Espagne lui témoignant un jour qu'il était surpris de voir que quantité de gentilshommes l'environnaient et le pressaient un peu, le roi lui dit : *Si vous m'aviez vu un jour de bataille, ils me pressent bien davantage.* »

Il désirait encore, avec beaucoup d'affection, faire du bien à sa vraie noblesse, et la dédommager des dépenses qu'elle avait faites à son service. Le roi voulant donc remédier à ce désordre (les dettes et les dépenses énormes des grands), déclara hautement à sa noblesse qu'il voulait qu'ils s'accoutumassent à vivre chacun de son bien, et, pour cet effet, qu'il serait bien aise qu'ils allassent voir leurs maisons, et donner ordre à faire valoir leurs terres; ainsi, il les soulageait des grandes et ruineuses dépenses de la cour, en les renvoyant dans les provinces, et leur apprenait que le meilleur fonds que l'on puisse faire est celui d'un bon ménage.

La mort du brave de Vic, qui expira de douleur à l'aspect du lieu fatal où se commit l'assassinat de son roi, est le plus beau panégyrique que le cœur puisse prononcer, et le monument le plus éclatant des regrets qui déchirèrent la France.

Chap. XV, Liv. V, *pag.* 224. « Richelieu, devenu premier ministre, refit tout le système de la cour; c'est une » machine politique qu'il faut parfois remonter; mais il » est essentiel de savoir le faire: il accorda aux jeunes sei- » gneurs, aux vieux courtisans, aux dames de qualité, une

---

(1) Perefixe, Hist. de Henri-le-Grand, tom. II, pag. 10 et 291.

» liberté entière de se livrer aux plaisirs, à la dissipation, à
» l'oisiveté, aux intrigues de la galanterie; ce genre de vie
» ne fait jamais que des ignorans et des dupes; ce qui n'ef-
» farouche aucun gouvernement.

» Barricadé en quelque sorte au milieu de son ministère,
» Richelieu devint le maître absolu et indépendant de la
» pensée et de l'action du gouvernement.

» Richelieu se proposa pour leçons deux coups d'état,
» en inventant des moyens nouveaux d'exécution; chacun a
» une méthode particulière de se débarrasser de ses enne-
» mis sur le théâtre de la politique et de l'ambition; il
» choisit la façon la plus propre à mettre l'excuse et la jus-
» tification de son côté, c'est-à-dire *le succès*.

» Il voulut éteindre à tout prix l'esprit révolutionnaire de
» la noblesse, et façonner le caractère des ducs, des comtes
» et des marquis: il recommanda la lecture de l'histoire pour
» apprendre que le corps de la nation, que la classe plé-
» béienne, avait été malheureuse et souffrante dans tous les
» temps; et que la classe nobiliaire, s'écartant constamment
» de sa destination naturelle, avait fait d'un règne à l'autre
» un mauvais parti, tantôt aux rois, et tantôt aux ministres.

» Afin qu'on n'ignorât pas quel était son nouveau sys-
» tème de gouvernement, il organisa ses commissions judi-
» ciaires, et s'assura de ses partisans pour les remplir; elles
» ne firent grâce ni à Chalais, ni à Marillac, ni à Mon-
» tesquiou, ni à Saint-Marc. » Il est incroyable que l'auteur, qui s'est environné de tant d'autorités, ait transformé
le nom du grand-écuyer Cinq-Mars, en celui de l'apôtre
saint Marc. « Il régularisa les exils et les emprisonnemens;
» il inventa le système des complots, des disgrâces et des
» rancunes ministérielles.

» Quelque talent qu'il apportât dans l'emploi de ses ingré-
» diens politiques, il recueillit la haine d'un grand nombre
» de membres de la haute et moyenne noblesse. (La basse
» était sans doute exceptée.) Les parens des suppliciés, les

» bannis, les fugitifs, les prisonnniers, ceux-là même qui » lui servaient de bourreaux, détestaient au fond de leur » cœur le flagellateur de la caste nobiliaire. Néanmoins, en » dépit de l'esprit du siècle, et malgré l'indignation con- » centrée de tant d'ennemis, Richelieu sut, par son génie, » *se procurer* une mort naturelle sur le duvet de la puis- » sance, *ce qui n'arrive pas toujours aux grands hommes.*

» Sa science et son art de *machiavéliser* avec les hommes » ne déplurent jamais aux gens de lettres, puisque, même » après la mort de ce ministre, ses louanges devinrent une » fondation académique, que chaque récipiendaire était tenu » de remplir en l'honneur du *despotisme ministériel.* »

Richelieu, en abaissant les grands, et enchaînant leur ambition pour la faire servir à ses projets, détruisit, il est vrai, la seule barrière qui s'opposait à l'exercice illimité de la puissance royale; mais en asservissant tout au souverain, il en fit l'instrument de *son despotisme ministériel;* on peut dire que la vengeance fut pour lui le plaisir des dieux, et que la reconnaissance est une vertu qui pesait sur son cœur; sa conduite envers la reine mère, Marie de Médicis, qui l'avait d'un rang assez obscur élevé au faîte de la grandeur, envers Montmorency qu'il conduisit à l'échafaud, ne peut être excusée que par les grands résultats de sa politique, et par son détachement entier des affections humaines pour marcher sans obstacle à son but. L'inflexibilité était la raison d'état du cardinal. Il n'y a que la position difficile dans laquelle il s'est presque toujours trouvé, qui puisse justifier l'excès de son pouvoir. Les chambres de justice, ces commissions de mort dirigées par des Laubardemont, des Laffemas, qui sacrifièrent sans pitié à la vengeance, aux projets du cardinal, Chalais excusable par sa jeunesse, Marillac passible tout au plus d'une peine correctionnelle, Montmorency inexcusable dans sa révolte, mais dont le nom réveillait tant d'illustres souvenirs, et que la clémence pouvait atteindre; Cinq-Mars, de Thou, victime de son amitié et de son serment, Urbain-Grandier persécuté par le fanatisme, sont autant de taches qui ternissent sa mémoire. On peut même dire encore qu'il poussa la haine jusqu'à se jouer de toutes les convenances sociales, en violant les formes de la justice usitées jusqu'à lui, jusqu'à distraire le maréchal de Marillac de ses juges naturels, et, sous un aussi faible prétexte que celui du pillage si commun alors dans les armées, faire périr sur la place de Grève un maréchal de France.

Voilà les reproches que l'on peut faire au caractère personnel de Richelieu. Il trouva, pour accomplir tous ses projets, peu de résistance dans les volontés de son maître. Louis XIII voulut imiter par sa sévérité envers Montmorency celle de son père envers Biron, à la différence que Henri, se rappelant les anciens services que lui avait rendus ce grand coupable, faisait effort sur lui-même, tandis que Louis cédait à l'impulsion qui lui fut donnée par Richelieu, impulsion d'autant plus facile que la rigidité était un des penchans les plus prononcés du caractère de ce monarque.

Voici maintenant les éloges que l'on doit donner à la politique de ce ministre habile.

Ce n'est pas tant l'opposition de la majorité de la noblesse, que celle de quelques grands seigneurs, que Richelieu vint à bout de renverser. Le parlement, qui avait si souvent bravé l'autorité royale, céda à l'ascendant du ministre et fléchit sous sa volonté. Sa vengeance s'exerça principalement contre les grands qui avaient pris le parti de la reine mère et du duc d'Orléans. Il anéantit leurs complots. Il est à croire que si Gaston eût eu plus de caractère, Richelieu ne se fût pas tiré aussi heureusement des mauvais pas que lui avaient fait faire une politique ambitieuse et la soif de la vengeance; mais il sut profiter habilement des conjonctures. Le parlement, qui pouvait s'opposer avec quelque droit à l'érection de ces tribunaux de sang, tout dévoués aux projets despotiques du cardinal, manqua de fermeté, et fut subjugué par le génie de ce prélat. L'appât des récompenses des gouvernemens, divisa les esprits des grands ; ce furent autant de germes de discorde que Richelieu sema adroitement pour concentrer en lui toutes les ambitions, pour ramener toutes les volontés, la volonté même de son roi, au despotisme de la sienne.

Ce qui est le chef-d'œuvre de la politique de Richelieu est d'avoir, par le combat terrible qu'il livra au protestantisme, établi l'unité du pouvoir royal, et détruit une association religieuse qui formait plutôt un parti dans l'état, qu'une secte dans l'église.

La cour, sous le ministère de Richelieu, était le centre des intrigues et de la politesse. Les grands s'y disputaient toutes les faveurs, jusqu'à celle de se ruiner pour augmenter l'éclat du trône. La noblesse, en dépit du sage conseil que lui avait précédemment donné Henri IV, abandonna les terres patrimoniales de ses aïeux pour en dissiper le produit au milieu du faste et des grandeurs. Elle perdit cet attachement aux distinctions si recherchées par ses ancêtres. Les dépenses excessives qui amenèrent la ruine de la fortune de la plupart des nobles, leur firent contracter des mésalliances qui les rapprochèrent de la bourgeoisie. Ce mélange trop immédiat leur fit perdre ce respect antique que l'on conservait pour leurs personnes. Louis XIV, par le respect dont il avait su s'entourer, avait appris aux grands à s'en entourer eux-mêmes. Il retarda le système d'égalité chimérique si désiré par la philosophie moderne, et dont le développement n'eut lieu que sous le règne de son successeur.

CHAP. XVII, *jusqu'au* CHAP. XXIX. Tous ces chapitres sont consacrés à la guerre de la Fronde. Ils sont remplis de détails minutieux, rendus de la manière la plus burlesque, et peuvent aller de pair avec ceux qui concernent la Ligue.

L'auteur s'acharne après la noblesse, et l'accuse d'être le foyer des troubles qui ont agité la France durant la guerre de la Fronde. Pourquoi l'auteur n'accuse-t-il point aussi rigoureusement (1) le parlement d'avoir si souvent contrarié la volonté royale? les preuves, certes, ne lui manqueraient point; mais telle n'était point sûrement son intention; il ne s'attache qu'à la noblesse. Peut-il ignorer que tout ce qui faisait corps avait des intérêts à défendre, des priviléges à conserver, et que les parlemens se sont montrés souvent jaloux de leurs droits jusqu'à la révolte?

Ce furent les prodigalités du gouvernement et le besoin de faire rentrer dans le trésor du roi tout l'argent que le ministère avait si indiscrètement prodigué, qui contribuèrent à faire naître la Fronde. Dans le commencement de cette guerre civile, les grands, encore abattus des coups que leur avait portés Richelieu, fatigués des intrigues qu'ils avaient suscitées sous le règne précédent, s'estimaient heureux de goûter le repos dans leurs foyers.

Le parlement, qui avait les plus nombreuses prétentions, et que Richelieu avait pris le plus de plaisir à écraser, fut le premier à donner l'exemple d'attentats contre le pouvoir royal, attentats qu'il aurait condamnés par des arrêts foudroyans si tout autre que lui eût levé l'éten-

(1) Les parlemens, et surtout celui de Paris, comme cour des pairs de France, s'étaient habitués depuis les guerres de la Ligue et les troubles de la Fronde, à lutter quelquefois avec succès contre l'autorité royale. Le titre de corps intermédiaire entre le trône et le peuple, qu'ils devaient à la confiance de la nation, et non à aucune loi constitutive, leur faisait souvent oublier, par l'interruption de la justice, celui de juges des procès des particuliers, leur véritable institution primitive. Se croyant ainsi arbitres des destinées de l'état, on les voyait sans cesse entraver les opérations émanées du conseil de nos rois; souvent même, entraînés sans doute par leur zèle pour le bien public, ils levaient l'étendard de l'insubordination contre les commandans royaux, donnant ainsi aux sujets, dont ils se disaient les protecteurs, le pernicieux exemple contre l'autorité légitime.

dard de la révolte, et s'il n'eût été question de ses intérêts. On n'accusera certes pas la noblesse d'avoir donné l'éveil. Les princes du sang et les grands n'en avaient certes pas conçu l'idée, puisqu'ils avaient été aigris contre un corps qui réclamait toujours sur eux une préséance injurieuse. Les pairs de France étaient également offensés des prétentions de cette compagnie qui réclamait l'égalité conjointement avec eux. Les présidens voulaient les précéder dans les opinions aux lits-de-justice. Les pairs ne considéraient le parlement que comme un simple tribunal de justice dont ils se croyaient le droit, en leur qualité de pairs, d'être les chefs. Les autres cours étaient en dissidence entre elles. Le fameux arrêt d'union n'était-il pas une révolte véritable, un acte aussi irrégulier qu'attentatoire à l'autorité royale? il établissait en réformateurs de l'état et en censeurs du gouvernement, des magistrats institués pour les défendre, et qui ne devaient avoir d'autorité que celle que le roi voulait bien leur déléguer. Ainsi, chaque corps a ses momens de délire, de frénésie; il faut rendre à chacun ce qui lui appartient, et ne point accabler la noblesse seule des torts des autres corps constitués dans l'état. Elle a eu trop souvent l'occasion de se repentir des siens.

« Les fermens de révolte furent poussés au point qu'il fallait absolument quitter le timon des affaires, déposer toute l'autorité royale entre les mains d'un parlement rebelle, envoyer à son greffe la couronne et le sceptre du roi, et courir le risque de perdre le roi, le parlement et toute la nation. »

Qui croirait qu'un monarque, destiné à un règne de 72 ans, et dont le caractère, comme homme et comme roi, inspirait tant de grandeur, a trouvé à peine une mention dans la page 294?

Chap. XXIX. « *On* promet des villes et des ports aux » Espagnols sous la minorité du roi Louis XV. »

« Enfin Louis XIV rentra dans sa capitale ; il n'en sortit » plus que pour des victoires ou des revers. Son génie » se tourna vers la gloire des armes. On ne résiste pas à » la verdure éternelle de ses lauriers. Elle devint un be- » soin dans le prince. La noblesse du royaume partageant » ses guerrières inclinations, s'attacha à ses drapeaux, et » oublia les bannières de la Fronde. Elle devint docile et » soumise au pied du trône. Rendue aux devoirs de sujets » et de citoyens, le monarque conquérant lui fit expier, » par son ascendant absolu, l'esprit révolutionnaire qui » avait si long-temps insulté au trône et intimidé la famille » capétienne dans son tronc et dans ses branches. » Voilà certes une grande injustice, dont, heureusement, Louis XIV peut être absous. « Il n'hésita pas à prodiguer à la guerre » de la monarchie universelle (vieux rêve des souverains » de la France) les comtes, les barons, les marquis, » les ducs, les princes, pendant le long cours de ses triom- » phes. Il les immola encore durant le temps de ses dé- » faites. Il ne s'est jamais plaint des pertes qui lui enle- » vaient les anciens suppôts de la Ligue et de la Fronde. » Il ne voyait en eux que des rejetons d'une faction qu'il » voulait anéantir en leur accordant toutefois l'honneur de » mourir pour la gloire nationale. »

Voilà à très-peu de chose près ce que l'auteur a daigné en dire. Louis XIV, avide de tous les genres de gloire, environné de tous les talens auxquels il donnait l'essor, brillant de tout l'éclat qui transporte l'homme au-delà des bornes de la nature, grand dans ses malheurs comme dans sa haute fortune, devait être pour l'auteur un sujet difficile à traiter ; je le conçois : il a craint de nous montrer ce grand monarque dans toute sa majesté, *palissadé* des grands de sa cour, du sévère Montausier, de l'éloquent Bossuet, du sensible Fénélon ; dictant ses ordres à Condé, à Turenne, à Luxembourg, à Berwick, au sage Catinat ; remettant les destinées de l'Espagne à Vendôme, celles de la France à Villars ; combinant les intérêts de l'état avec un Colbert, un Louvois ; admirant les chefs-d'œuvre de Corneille et de Racine, s'humiliant devant l'austère Bourdaloue, souriant avec La Fontaine, riant avec Molière des travers et des sottises de l'esprit humain, accueillant la brusque franchise d'un Jean Bart ; enfin s'entretenant avec toute la familiarité d'un homme de bien des détails de ses jardins avec le Nôtre.

Nos pères n'auraient point vu renaître le beau siècle d'Auguste, si Louis XIV, ce grand roi, si calomnié par la philosophie moderne, n'eût point été doué du talent éminent de savoir distinguer, apprécier, récompenser le mérite. Sans lui, peut-être, l'essor n'eût point été donné à ces heureux génies qui ont illustré son règne, et qui ont payé à leur protecteur un digne tribut de reconnaissance dans les chefs-d'œuvre en tous genres qu'il a fait éclore. Sans lui la scène française n'eût point été tour-à-tour terrifiée, attendrie, égayée par les productions sublimes de Corneille, de Racine, de Molière. Nos yeux ne seraient point éblouis, charmés par la grandeur et la magnificence de ces monumens qu'il a fait élever par les mains des Perrault et des Mansard. Tous les jours nos tribunaux ne trouveraient point une source inépuisable de leçons salutaires dans ces morceaux sublimes d'éloquence qui ont étonné le barreau, et nos légistes ne puiseraient point leurs doctes arrêts dans ces recueils d'édits et d'ordonnances qui attestent le discernement et la haute sagesse du monarque qui les a dictés. Détracteurs de tout ce qui est beau et grand, rentrez dans la poussière : il ne vous appartient point de juger les œuvres du génie ; le monde a retenti du nom de Louis-le-Grand. En dépit de vos régicides efforts, le nom de Louis est immortel. Si la rapidité de ses conquêtes, si l'éclat de ses victoires, si son attachement à la religion de ses pères et à celle de l'état, lui ont attiré de nombreux et de cruels ennemis, ces ennemis humiliés ont poussé des cris impuissans de rage, et n'ont pu étouffer les cent voix de la renommée qui publiaient sa magnanimité dans ses succès, sa constance et sa résignation dans les revers, et toute la gloire attachée à la durée de son règne.

Dans le tableau qui retrace ce beau règne, tout ne porte-t-il pas l'empreinte des grandes pensées du monarque et du choix des grands hommes qu'il a associés à sa gloire? Les lois, les arts, la population, l'agriculture, le commerce, ont été l'objet de ses méditations. Sans doute la perfection a manqué à un règne aussi illustre; mais qui peut se flatter d'atteindre au dernier degré du possible? Louis XIV seul était capable de l'entreprendre. Sans doute il a trop aimé la guerre, comme il le disait avec la plus noble franchise; mais avec quelle constance, avec quels efforts sublimes n'a-t-il pas cherché à réparer des torts que son grand cœur lui faisait avouer? Son règne, supérieur à celui d'Auguste, sera toujours la plus brillante époque de notre nation. Le génie particulier de Louis XIV arrêta l'esprit de faction qui jusqu'alors avait toujours agité les Français; il donna de la consistance à leur caractère en lui donnant de la grandeur; et en leur inspirant l'amour de la gloire fondée sur de grands exemples et sur de grandes choses, il sut les soumettre en les élevant.

Chap. XXIX, *page* 294. Ce chapitre est consacré à la conspiration de Cellamare et aux intrigues de la duchesse du Maine. Il ne répète que ce que tout le monde sait, et ce qui est beaucoup mieux dit dans toute autre histoire de France. Le règne de Louis XV est peut-être l'époque à laquelle le principe constitutif de la noblesse a reçu l'atteinte la plus cruelle. Le système de Law, dont l'auteur ne dit point un mot, et qui, cependant, a eu tant d'influence sur les personnes et sur les fortunes, est la première cause de sa dégénération. L'égalité de spéculations de profits, de ruines, a amené l'égalité de corruption, de cupidité et de misère. Des alliances disproportionnées et de rang et de naissance, en mêlant le sang des nobles à celui des financiers, a appauvri le premier sans purifier le second.

Chap. XXXI, *page* 306. « Refus de la noblesse laïque et » ecclésiastique d'accéder aux demandes financières du roi » Louis XVI. Le parlement se déclare usurpateur du droit » de consentir les impôts. »

Page 307. « La noblesse, en habit galonné, en rochet et » en mortier, défendit sa bourse et ses immunités antiques, » et montra toute la mauvaise humeur de l'égoïsme héréditaire ; un noble n'avait à offrir à l'état que son épée et son » panache, un prélat ne pouvait servir la patrie que par la » crosse et la mitre, un magistrat ne devait au bien public » que des arrêts et des remontrances. »

Page 310. « Les plus habiles d'entre les plébéiens n'a» vaient jamais vu que dans les livres l'estampe d'une grande » révolution. Le roturier n'a pas d'archives de famille, pour » apprendre la manière adoptée par ses aïeux dans les » troubles civils ; il n'y avait alors que les nobles qui con» nussent le secret des insurrections et des révoltes ; leurs » ancêtres, pendant 14 siècles, avaient entassé dans les mains » de leurs descendans les preuves de leur adresse et de » leurs talens. Ils ne pouvaient pas être embarrassés pour » savoir le mode d'attaquer un trône, de compromettre la » personne d'un roi, et de changer une dynastie. »

Page 317. « Ils connaissaient (les nobles) ce que leur » avait valu dans les siècles antérieurs le privilége du vote » délibératif, par ordre et non par tête. Ils s'étaient autre» fois approprié, par ce mode féodal, tout le pouvoir et la » volonté des diètes nationales. »

Page 324. « *Le tiers-état, inébranlable, et revêtu po-* » *pulairement du titre de réformateur et de constituant,* » *usa des forces de son génie et de ses talens pour cons-* » *truire son moderne édifice* avec du sang et de la boue, » *proclamer sa législation libérale*, avec la loi des sus-

» pects et les comités révolutionnaires, *et consolider les* » *droits et l'honneur de l'homme civilisé*, en courbant » sa tête sous le joug du despotisme. »

Page 326. « Emigration d'une partie de la noblesse. On » tourna ses regards vers les bords du Rhin, et la route de » l'émigration sourit dès cet instant à ceux qui espéraient » leur délivrance des puissances étrangères. En vain on » voulut les retenir auprès de la personne du monarque: » ils laissaient le roi tout seul à la disposition du peuple. » *Sans doute, le prince ne pouvait pas être confié en de* » *meilleures mains*. Bientôt cette troupe, soldée par les » cabinets étrangers, fut placée à l'avant-garde des coalisés; » elle tira l'épée contre le peuple français. Le roi, qu'ils ve- » naient d'abandonner, leur pardonnant d'être les premiers » auteurs de la révolution qui insensiblement minait son » trône, leur fit un devoir de se soumettre comme lui aux » décrets sanctionnés de l'assemblée nationale. Ainsi le » trône (*pag*. 330), demeurant sans appui, s'écroula, et » ses débris ne tombèrent sur aucun de nos gentilshommes » qui auraient dû se placer à portée de tomber avec lui. »

Voici les causes principales auxquelles l'opinion attribue le plus communément l'explosion de la révolution française :

Le mauvais état des finances.

La convocation des notables et des états-généraux, démarche dangereuse qui ne servit qu'à sonder la profondeur de l'abîme, sans procurer les moyens de le combler.

L'obstination du parlement de Paris qui refusa d'enregistrer les édits de l'impôt territorial et du timbre, qui aurait rempli le déficit.

Le refus de la noblesse et du clergé de contribuer à acquitter les dettes de l'état, et de procéder en commun à la vérification des pouvoirs.

Le refus que fit la noblesse d'admettre Mirabeau dans sa députation.

Les écrits incendiaires, philosophiques et licencieux qui ont donné à la pensée l'expansion la plus désastreuse.

La double représentation du tiers, déterminée par Necker, qui n'en prévit pas toutes les conséquences et qui, en favorisant le parti protestant, avait conçu le projet d'établir une forme de gouvernement dangereux pour la France.

L'émigration.

Maintenant que l'on est revenu de tant d'erreurs, on est forcé de convenir que l'on a donné à la France toute autre chose que des états-généraux, et que, loin d'avoir comblé l'abîme, on l'a rendu encore plus profond.

Dans tous les siècles, chez toutes les nations, il s'est trouvé des hommes qui, portant des regards indiscrets sur les mystères de l'organisation sociale et religieuse, ont traité de préjugés et d'erreurs des institutions jusqu'alors consacrées par la vénération et l'assentiment presqu'universel. Cette secte redoutable, forte et puissante au moment où Louis XVI monta sur le trône, avait, pour ainsi dire, entouré le berceau de la génération naissante, développé l'esprit d'indépendance et d'irréligion, et inspiré le mépris des institutions et des croyances anciennes. Voltaire, J. J. Rousseau, d'Alembert, Diderot, le baron d'Holbach, La Mettrie, d'Argens, Fréret, Boulanger, Raynal, composaient la ligue philosophique; Raynal attaquait le gouvernement secondé de tous ses acolytes à gages, Fréret et Boulanger attaquaient la religion, Diderot et La Mettrie professaient l'athéisme, Voltaire, le pontife de la secte, dirigeait les travaux. Le scandale des écrits de ces philosophes était toléré par les agens de l'autorité, par ceux mêmes dont le devoir et l'intérêt étaient de les réprimer; Beaumarchais n'était-il pas encouragé par les grands qu'il insultait avec une impunité et une effronterie dont il dut s'étonner lui-même? Toutes ces erreurs s'étaient répandues dans les premiers rangs de la société, et ne tardèrent pas à en infecter les derniers. Les esprits étaient dans le délire.

Les germes de discorde étaient semés de toutes parts; consacrer le principe de la double représentation du tiers-état et de l'opinion par tête, c'était allumer la torche de la révolution : on excitait le tiers-état contre la noblesse et le clergé, on lui persuadait que ces deux ordres ne voulaient point concourir avec lui aux charges publiques, et que le moyen de les y contraindre était d'établir la double représentation (1). Lisez la pétition des citoyens domiciliés à Paris, au roi; après les déclamations d'usage sur les chaînes de la féodalité, qui certainement étaient inconnues dans la capitale, sur les priviléges en matière d'impôts, tandis que le dernier des habitans de Paris jouissait comme les nobles de l'exemption de la taille, vous y verrez que l'on finissait par supplier le roi d'accorder au tiers-état la double représentation.

Cette double représentation était une prétention illégitime relativement à la distribution des charges publiques. L'inégalité prétendue n'était pas aussi grande qu'on pouvait le croire. L'impôt de la taille dont on reprochait l'exemption aux premiers ordres, ne formait pas la cinquième partie des revenus de l'état; et si les membres de cet ordre n'y contribuaient pas, leurs fermiers y étaient assujétis à raison de leurs baux, et l'on peut avancer, sans crainte d'être démenti, qu'ils étaient plutôt chargés que ménagés. Cette exemption était réduite aux seuls domaines que les ecclésiastiques et les nobles faisaient valoir par leurs mains, et bornée à l'étendue d'une seule charrue, en sorte qu'elle pouvait être au-dessous du cinquantième de cette cinquième partie des charges publiques. Cette exemption était le partage d'un très-petit nombre de gentilshommes pauvres, qui, après avoir avec leur épée assuré le salut de l'état dans les armées, nouveaux Cincinnati, venaient, en labourant leurs champs de leurs mains laborieuses, contribuer à l'abondance publique.

(1) Extrait des Annales françaises, par Sallier.

Pour mieux tromper le clergé et la noblesse, on cachait les hostilités sous le voile de la modération. On n'annonçait ni haine ni fureur contre les deux ordres. On était loin, disait-on, de prétendre à partager toutes les prérogatives dont ils jouissaient (1). « Toute société bien organisée admet des distinctions et des degrés parmi les individus qui la composent ; c'est le besoin qui le demande, c'est la raison qui l'exige, et dans un pays comme la France, sans cette antique et respectable hiérarchie, tout ne serait bientôt que désordre et confusion (2). Ainsi l'on joignait la bassesse à la perfidie, et l'on amenait insensiblement ces deux ordres sans défiance au bord de l'abîme dans lequel on voulait les précipiter.

La noblesse bretonne, en réponse aux accusations qui lui étaient faites, ainsi qu'au clergé, de refuser de partager les charges publiques (3), publia, dans une déclaration du 10 janvier 1789, qu'elle était prête à faire justice de toute inégalité dans la répartition des impôts, et que si les griefs du peuple n'avaient pas encore été écoutés, il fallait s'en prendre aux députés des villes représentant le tiers-état, qui avaient quitté l'assemblée en refusant de remplir la première formalité prescrite par les règlemens. Cette déclaration répandue dans la province produisit une grande sensation. La noblesse était encore chérie et estimée du peuple breton. On n'avait pas oublié que dans toutes les occasions où il avait été question de défendre les droits et les franchises de la province, les gentilshommes s'étaient toujours dévoués avec courage pour la cause commune ; on se souvenait que dans les circonstances périlleuses, lorsqu'il

(1) Déclaration des habitans de Nantes en 1788.

(2) *Voyez* le résumé général des cahiers du clergé, pag. 197 et 200, art. 10, 11, etc., etc.

(3) *Voyez* les articles 8 et 9 des pages 185 et 186 du résumé des cahiers de la noblesse, et l'on jugera de la fausseté des imputations.

fallait résister à l'autorité toute-puissante et irritée, ils étaient avec les parlemens les seuls défenseurs de la nation.

Toute la France était remplie de troubles; étaient-ce la noblesse et le clergé qui les fomentaient? Une insurrection eut lieu en Provence : les évêques de Toulon et de Sisteron furent massacrés, le maire de Draguignan fut mis en lambeaux, des châteaux furent pillés et brûlés. La noblesse se déchirait-elle de ses propres mains? Le noble (1) qui avec quelque chaleur défendait la cause des nobles, n'était rien moins, dans des délations sanguinaires, que des traîtres à la patrie. Les propriétés des nobles furent dévastées; la proscription, non contente de s'étendre sur leurs personnes, s'étendit sur leurs biens : trente-six châteaux furent démolis ou brûlés dans une seule province. On raffina la cruauté. En Languedoc, M. de Barras fut coupé par morceaux devant sa femme enceinte et près d'accoucher. En Normandie, un vieillard paralytique fut jeté dans un brasier ardent. On a été jusqu'à les accuser d'avoir mis le feu à leurs châteaux pour avoir le plaisir de crier contre la révolution.

Une lettre écrite de la Bretagne, et rendue publique chez Volland, libraire, en 1790, portait ces mots : « Nous » ne laisserons ni homme du haut clergé, ni noble ni château sur pied dans toute l'étendue de la Bretagne. »

Pour finir par un trait intéressant, Louis XVI avait toujours montré un grand éloignement pour Necker. Il avait l'esprit frappé des projets systématiques et ambitieux de cet étranger parvenu. Il se laissa arracher son rappel avec désespoir : « On me fait rappeler Necker, disait ce bon » prince; je ne le voulais pas, mais on ne sera pas long- » temps à s'en repentir. Je ferai tout ce qu'il me dira, et

---

(1) Mémoire de Marmontel, tom. IV.

» l'on verra ce qui en résultera. » Voilà une explication bien précise de la révolution.

Page 326. « L'émigration. »

Les émigrés, en s'expatriant, ont pu commettre une faute politique; mais il serait par trop odieux de suspecter leurs intentions. Actuellement que tout est dans une assiette plus tranquille, on peut voir le fait de l'émigration d'un œil moins prévenu. Ces malheureux fugitifs ont cru pouvoir, en se ralliant en plus grande masse, opposer une digue puissante au torrent de la révolution. Ce torrent était irrésistible, et a tout entraîné. Ils ont assez expié leur imprévoyance sans leur en faire un crime. Beaucoup d'entre eux, en quittant la terre de la patrie, ont fui la mort qui les menaçait, et ils ont pu dire en s'éloignant avec regret :

Nos patriæ fines et dulcia linquimus arva (1)
Nos patriam fugimus.

Le dernier des malheurs vient encore frapper leur vieillesse. Condé est mort : ce cri de douleur retentit dans toute la France. A ce cri, tous les ressentimens s'éteignent, tous les guerriers sont frères, une seule pensée réunit toutes les ames, confond tous les regrets, celle d'une perte commune : mais Condé a revu la terre de la patrie, la France possède ses restes vénérables, et le petit-fils du grand Condé repose maintenant dans le tombeau de nos rois.

L'édifice de la république eut pour base des lois de rigueur et de proscription. Tous ceux qui n'avaient pas coopéré à la construction de ce funeste édifice, devaient être suspects aux fondateurs. Les factieux décidèrent que pour s'emparer de la fortune des riches, il fallait les tuer, et exterminer principalement les nobles qui n'avaient point porté une main sacrilège sur le trône des rois ; dès-lors on

(1) Et comme les parodiait plaisamment Rivarol,

Nos patriæ funes et limpada linquim & s altam.

vit éclater l'embrasement des châteaux ; les lieux saints furent violés, les prêtres et les nobles furent proscrits.

La plupart des émigrés étaient de bons Français, des capitaines qui avaient servi l'état dans les guerres précédentes, des magistrats animés du désir de voir réformer les abus, des ecclésiastiques vénérables chassés du temple saint, et qui ont mieux aimé s'exposer à la persécution que de fausser leur serment et de trahir leur conscience; d'autres ne purent se détacher de leurs amis ou de leurs maîtres, et voulurent partager leur sort. L'auteur leur reproche d'avoir, en fuyant, laissé le trône sans défense, et de n'être point morts à leur poste ; ce reproche est aussi cruel que mal fondé : leur mort n'eût été d'aucune utilité pour la patrie, leur résistance eût été vaine, et n'aurait servi qu'à augmenter la rage de leurs persécuteurs. Le plus grand nombre, en abordant une terre étrangère, n'ont eu pour but que de relever le trône renversé par des factieux : s'ils se sont trompés dans les moyens, doit-on leur en faire un crime, puisque cette erreur même est une preuve de leur fidélité ? s'ils ont armé leurs bras, ce n'est que de l'épée de l'honneur et non des brandons de la discorde et de la guerre civile ; et si enfin le succès n'a pas couronné leurs armes vouées à la plus noble cause, est-il généreux à des Français d'insulter des Français souvent vainqueurs, et quelquefois vaincus ?

Résumons les faits.

On éprouvera probablement quelque difficulté à concevoir l'existence d'un plan formé dès l'origine de la monarchie, pour renverser le trône, et suivi par la noblesse avec une persévérance opiniâtre ; cela paraît opposé au caractère naturel des Français qui, par la légèreté de leur esprit, sont peu propres aux desseins qui exigent une longue méditation et de la patience ; il n'y a qu'une secte religieuse ou politique qui puisse avoir cette ténacité. Nous démontrerons par les faits historiques, mis en opposition avec ceux avancés par l'auteur, que l'organisation de cette secte révolutionnaire a eu lieu de temps immémorial; que la noblesse, loin d'en faire partie, en a toujours été la victime; que l'esprit de cette secte s'est perpétué jusqu'à nous, et qu'elle a toujours visé au même but, la destruction de la royauté.

En 1185, les seigneurs, cherchant les moyens de faire cesser les maux qu'occasionnaient des guerres continuelles, convinrent de s'abstenir des armes quatre jours de la semaine; cette trêve fut appelée la paix de Dieu; elle donna lieu à une association de scélérats: des paysans crédules s'y initièrent, mais les désordres qu'ils commirent furent tels qu'ils détruisirent bientôt les châteaux, pillèrent les terres des seigneurs qui avaient eu l'imprudence de se les associer; les prêtres, les moines, les monastères et les églises éprouvèrent le même sort que les seigneurs et les châteaux; enfin on ne put mettre une barrière à tant de dévastations, que lorsque toute la noblesse eût pris les armes pour les dissiper et les poursuivre comme des bêtes féroces.

En 1225, la révolte des Albigeois eut les mêmes conséquences: une croisade fut prêchée contre eux dans toute la France; Raimond, comte de Toulouse, qui avait d'abord embrassé les principes de cette secte, abjura ses erreurs, et combattit sous les étendards des croisés ceux qu'il avait protégés auparavant; ils massacraient sans pitié les prêtres et les moines, et niaient les dogmes fondamentaux de la religion.

En 1227, le comte de Boulogne abandonna la coalition des Albigeois, dont le projet était de détrôner Louis IX.

En 1229, Thibault, comte de Champagne, découvrit au roi la conspiration que Philippe de Boulogne, qui réclamait la régence comme fils de Philippe-Auguste, et oncle du roi, tramait contre lui à Corbeil, et vint à son secours avec 300 chevaliers. Le trône trouvait alors un appui dans la fidelité de la haute noblesse.

En 1250, un ramas de bergers, de vagabonds, de brigands, désignés sous le nom de pastoureaux, et qui avaient juré la destruction totale des juifs, commirent beaucoup d'excès à Paris, et surtout dans le Bas-Languedoc ; le sénéchal Aimeri-de-Cros en fit arrêter et pendre un grand nombre ; le reste se dissipa.

En 1320, sous Philippe V, les pastoureaux renouvelèrent leurs excès ; cette secte, dirigée contre l'ordre social, se composait-elle de nobles ?

Sous le règne du roi Jean, la populace d'Arras, soulevée par les instigations du roi de Navarre, commit les plus grands désordres ; la noblesse voulut s'opposer aux progrès de la sédition, mais elle fut obligée de céder au nombre : une grande quantité de personnes de distinction périrent dans ce désordre, qui ne fut arrêté que par le maréchal de France Arnoud de Dencham ou d'Andrehen, suivant Froissart.

Robert-le-Coq, Étienne-Marcel, ces factieux qui mirent le trône en si grand péril, étaient-ils, de l'ordre de la noblesse ? Robert de Clermont, maréchal de Normandie, Jean de Conflans, maréchal de Champagne, Regnaud d'Acy, avocat général, massacrés sous les yeux du dauphin, étaient nobles, et furent les victimes de ces deux scélérats qui tenaient le dauphin sous leur dépendance.

En 1358, la Jacquerie, guerre horrible suscitée contre la noblesse, la même secte qui avait formé la Jacquerie, produisit les états-généraux ; ne peut-on pas voir évidemment dans cette persécution contre la noblesse, appui naturel du trône, une attaque contre ce trône, et dans les états-généraux un plan combiné de longue main de renverser la monarchie ? Ces deux conclusions se lient d'une manière intime. La Jacquerie fut détruite par l'énergie de la noblesse.

En 1372, la compagnie dite de Pauvreté fut une émanation de la Jacquerie.

En 1375, un reste des anciens Vaudois commit des désordres en Dauphiné.

L'association des chapeaux blancs en France, sous la direction de Jean Lyon, né dans la dernière classe du peuple, fut un attentat contre la royauté ; rapprochez Jean

Lyon et Marat, les chapeaux blancs et les bonnets rouges.

En 1380 et 1381, la rebellion générale, surnommée la Harelle, fut-elle excitée par les nobles? La populace de Rouen créa un roi. C'était un marchand mercier, surnommé le Gros, à cause de sa taille. Cette révolte ne fut apaisée que par la fermeté du roi, qui fit châtier les rebelles. Lui-même traita Paris comme une ville prise d'assaut; il y entra par une brèche qu'il fit faire aux murs, et fit trancher la tête à trois cents des révoltés qu'on appelait *Maillotins.*

En 1383, une association connue sous le nom de Tuchins ou Coquins, désola le Languedoc et une grande partie de la France. C'étaient pour la plupart des paysans suscités par des chefs dangereux, et qui s'armèrent contre l'autorité du roi. Ils firent la guerre aux riches et aux nobles, et massacrèrent tous ceux qu'ils pouvaient rencontrer. Enguerrand, sénéchal de Beaucaire, et Arnaud, sénéchal de Carcassonne, secondés par un grand nombre de communes du pays, leur firent une guerre active et les détruisirent.

En 1410, le duc de Bourgogne s'empara du gouvernement. Les princes du sang formèrent une ligue pour délivrer le roi. Hélion, le chirurgien Jean de Troye, l'écorcheur Caboche et le carme Eustache, agens sanguinaires du duc de Bourgogne, n'étaient-ils pas les assassins du duc de Bar, de des Essarts, du chancelier de Ouailly, de la Rivière, de Boissay, tous officiers de la maison du dauphin? Leur dessein n'était-il pas d'égorger sans distinction tous les royalistes, de renfermer le roi, la reine, et le chancelier, de charger de chaînes le duc de Berry et le roi de Sicile, de les promener dans Paris montés sur des bœufs, et de les massacrer ensuite? Les Cabochiens ou les associés de l'écorcheur Caboche faisaient de nouvelles ordonnances, abolissaient les anciennes. Ils donnèrent ce nom à un nouveau code qu'on a appelé *les ordonnances cabochiennes.*

Le 12 juin 1419, massacre général des Armagnacs (1). Le connétable d'Armagnac, quantité de seigneurs, de magistrats, de bourgeois attachés au parti royaliste, tous les prisonniers faits par les Bourguignons, y périrent. Les atrocités les plus inouies furent exercées sur leurs cadavres. Les assassins découpèrent une partie de la chair du comte d'Armagnac et lui en firent une écharpe. Ces tigres, à la vue des enfans qui palpitaient dans les flancs qu'ils venaient d'entr'ouvrir, s'écriaient avec une joie féroce : Regardez ces petits chiens d'Armagnacs, ils remuent encore! Capeluche, bourreau de Paris, était à la tête de la populace ; il toucha dans la main du duc de Bourgogne en signe d'amitié.

Cependant, cette noblesse qu'on outrage, apprenant l'assassinat du duc de Bourgogne, par un sentiment de générosité indélébile dans son caractère, jura entre les mains du comte de Saint-Paul de venger la mort du duc.

La maison de Bourgogne fut le foyer d'une vaste insurrection qui se rallumait de temps en temps, car après l'extinction de cette grande maison, les mêmes intrigues, les mêmes attaques contre la royauté n'ont pas cessé.

En 1542, les calvinistes n'opposaient-ils pas déjà une armée rebelle à celle du roi?

---

(1) *Un membre de l'Institut*, dans une brochure en réponse à un article de M. de Chateaubriand dans le Conservateur, a écrit cette phrase remarquable : « A force de rouvrir les registres de nos pères, » vous y découvrirez que les ducs de Bourgogne, *les Armagnacs*, » buvant avec le bourreau, complotèrent un massacre de prisonniers » comparable à celui du 2 septembre, *que précéda le règne de l'in-* » *sensé Charles VII*. Taisez-vous, effacez les dates, et jetez un voile » sur les démences des discordes civiles. »

Nous lui conseillons non pas d'effacer les dates, mais de les bien connaître, et surtout de ne pas faire boire les victimes avec leurs bourreaux. Il faut cependant lui rendre justice : bien qu'il ne favorise pas précisément la noblesse, il admet toute la charte sans exception.

En 1548, insurrection générale dans l'Angoumois, la Saintonge, le Périgord, l'Agénois; plus de 50,000 paysans se révoltèrent. Il y eut à Bordeaux une sédition terrible dans laquelle le lieutenant de roi Tristan de Monneins et plusieurs citoyens respectables furent égorgés. Elle fut apaisée par le connétable de Montmorency (1).

En 1560, la conspiration d'Amboise.

En 1563, Les religionnaires voulurent s'emparer de Bordeaux; ils furent battus par le maréchal de Montluc à Targon.

En 1562, massacre des catholiques par les réformés; tombeaux des rois et princes de la famille royale violés; le dessein des réformés était de s'emparer de la personne du roi.

En 1567, massacre exécuté à Nismes sur les catholiques précipités dans le puits de l'évêché.

En 1572, le roi, après la mort de l'amiral de Coligny, se rendit au parlement où il tint son lit de justice, et y déclara que Coligny avait comblé la mesure de ses attentats en projetant d'assassiner le roi, la reine, les ducs d'Anjou et d'Alençon, et le roi de Navarre; qu'il avait formé le dessein de mettre le prince de Condé sur le trône, de s'en défaire ensuite, et d'y monter lui-même. Ces soupçons n'étaient pas tous fondés, sans doute, mais aussi la conduite de Coligny était-elle exempte de reproches?

En 1573, La Rochelle, le fort des réformés, se donne le titre de république.

En 1593, des paysans des provinces du Périgord, du Limousin et du Poitou, désignés sous le nom des croquans, se soulevèrent. Daubigné prétend qu'on leur donna ce nom parce que les premiers qui prirent les armes étaient

---

(1) Annales d'Aquitaine, Réquisitoire de Jacques de Neuilly, maître des requêtes.

d'une paroisse appelée Croc de Limousin. De Thou assure que ce fut parce qu'ils dévoraient, ruinaient et saccageaient tout ce qu'ils ne pouvaient manger et emporter. Leur nombre s'éleva jusqu'à 30,000; armés de mousquets, de piques et d'arquebuses, ils massacraient les receveurs des tailles, les officiers de la recette du roi, les gentilshommes auxquels ils ne faisaient aucun quartier, et les soldats des garnisons. Leur révolte dura plus de deux ans; poursuivis avec vigueur par le duc de Montpensier, ils furent défaits et dissipés entièrement par le vicomte de Bourdeilles et les sieurs de Malicorne et d'Albin. — Tableau de l'histoire, tome II, *page* 115.

En 1603, projet d'établir en France des républiques fédératives.

En 1616, révolte des protestans pour saper les fondemens de l'autorité légitime.

En 1652, la faction des Ormistes à Bordeaux. Cette faction, dont un boucher nommé Duretête était le chef, commit les plus grands désordres, ensanglanta la ville de Bordeaux, et poussa si loin la révolte, qu'elle implora les armes de Cromwell, et refusa l'amnistie que le roi lui proposait.

En 1670, révolte de tout le Vivarais.

Etait-ce la noblesse qui tramait toutes ces conspirations? qui était l'ame de toutes ces révoltes, de tous ces troubles? ne peut, ne doit-on pas en accuser ce même esprit qui, prolongé jusqu'à nos jours, a enfin éclaté par le plus horrible des attentats; ce génie destructeur qui souffle sa pernicieuse influence sur tous les peuples; l'esprit de discorde enfin, dont les écrits des *Gorani*, des *Payne*, des *Clootz*, des *Lequinio*, et tant d'autres, ont été les boute-feux?

Tant que Louis XIV vécut, la majesté de ce grand roi suffit pour annihiler les projets de la secte; ses suppôts rampèrent dans un abject silence sous un gouvernement qui, avec la force de répression que l'autorité remettait en ses mains, avait de plus placé ses destinées dans le cœur de sujets fidèles, de grands généraux, de magistrats intègres, de ministres habiles, animés comme leur souverain de l'amour du bien public.

Sous le règne de son successeur, les sectaires relèvent leur tête abaissée, mais non abattue. Les institutions les plus sacrées sont tournées en ridicule. La destruction des jésuites, qui tenaient en respect les doctrines les plus dangereuses contre la religion et l'autorité royale, et qui seuls pouvaient, par l'étendue de leurs connaissances, combattre ces pernicieuses doctrines, et confondre l'audace des novateurs, est un acheminement à la révolution. Les libelles sont répandus avec profusion. La science du gouvernement, si difficile et si abstraite, est exploitée par les têtes les plus ignares; chacun vante son système; le philosophisme broie ses poisons, et répand, dans tous les esprits faux et légers, des germes de corruption et de révolte qui devaient amener une grande catastrophe.

Sous le règne de Louis XVI, cette grande catastrophe est consommée. La république, si désirée par les factieux, s'élève sur les débris amoncelés du trône et de l'autel.

Chargera-t-on la noblesse de tout le poids de ces iniquités? Ne voit-on pas que les projets des factieux étaient mûrs pour l'exécution, et croit-on qu'une révolution qui devait ébranler le monde, fût l'effet de quelques vanités blessées? On est forcé d'y reconnaître l'empreinte de plus vastes et de plus dangereux moyens.

Ainsi donc, au lieu d'imputer le résultat de tant de maux à la noblesse, renfermée depuis long-temps dans de justes limites, et dans l'exercice des emplois qu'elle remplissait à la satisfaction du prince et de l'état; de retracer le souvenir de quelques intrigues étrangères à la marche du gouvernement, et peu dangereuses dans leur extension, il fallait nous découvrir la racine du chancre impur qui déjà rongeait l'état, cet esprit d'impiété et de débauche, ce système perturbateur d'une égalité chimérique ; il fallait nous montrer les cœurs gonflés des désirs immodérés d'une ambition à laquelle la philosophie moderne avait ouvert une carrière sans bornes.

Passons maintenant à l'examen des pensées et du style de l'auteur.

L'auteur nous en donne à garder lorsqu'il affirme qu'il a puisé dans toutes les autorités dont il nous transcrit la longue nomenclature. Je suis intimement persuadé qu'Aimoin, Gaguin, Agobart, Hincmar, Eginard, Marius, Guillelmus Tyrius, Paris, Nangis, Roricon, Theogon, Helgaud et le moine Abbo, lui sont tout-à-fait inconnus, et je suis fondé à le penser, puisqu'il n'existe ni en marge, ni au bas des pages, ni dans le corps du texte, aucune citation que l'on puisse vérifier ; et que sous le rapport de la chronologie, il est impossible de trouver un ouvrage plus confus, puisqu'il n'y a pas une seule date, et que je défie qu'on puisse me montrer d'autres chiffres que ceux qui indiquent les pages.

Mon récit est simple et uni, dit l'auteur.

Pour simple, je ne le conteste pas ; pour uni, c'est une autre affaire. Il est hérissé de néologisme, de phrases incidentes qui embarrassent sa marche à chaque pas. Les réflexions, loin de naître du sujet, sont semées sans ordre et sans aucune liaison avec les antécédens. Il est aisé de voir que l'auteur a voulu à tous propos donner un libre cours à son système de dénigrement. Ce qui est incroyable, c'est l'assurance avec laquelle il débite certaines maximes qu'il établit d'une manière générale, sans avoir égard aux lieux, aux temps, aux circonstances ; aussi la particule *on*, sa puissance auxiliaire, joue-t-elle le principal rôle dans cet ouvrage à la mosaïque, qui, par le bizarre assortiment de réflexions sérieuses et triviales, forme quelque chose de monstrueux en littérature.

Pour donner un léger aperçu du style de l'auteur, j'extrairai quelques phrases d'un des chapitres les plus courts, celui consacré au récit de la conspiration de Biron.

Représentez-vous Biron « sourd aux sages conseils du » bon gentilhomme, son père, qui, connaissant la fermen-» tation de la bile de son fils, à qui il fait entrevoir que » d'une mauvaise tête au glaive du bourreau il n'y a » d'espace que celui d'une méchante action. » Voyez « ce » révolutionnaire, cédant à l'impulsion de la vanité et de la » fortune, la meilleure amorce qui *harponne* les hommes, » et attiré par les promesses du duc *savoyard*, qui voulait » lui faire le cadeau *politique* d'une de ses filles *ducales*, » calculant la force que la ligue avait empruntée de l'assis-» tance du clergé, cherchant à se donner cette base volca-» nique, et *arborant* un grand chapelet. » Le dégoût m'empêche d'aller plus loin.

Tout bon Français, et tout homme qui a le sentiment du bon goût et des convenances, ne pourra certes approuver des phrases telles que celles-ci :

« Les femmes ont comme les hommes leur heureux hasard. »

« Toutes les mers ont porté des monarques détrônés. »

« Rendre les hommes complaisans au tour d'un scrutin. »

« Il crut devoir employer *des formes* et *des façons*. »

« L'avenir est presque toujours le redresseur des torts : il *raccommode* les réputations et les fortunes détruites. »

« Les ambitieux emploient la sensibilité avec la même adresse que le *sexe*. »

« On n'a qu'une mesure d'esprit dont on se sert ordinairement pour tous les projets de diverse nature. »

« Il traita les traîtres, ainsi que cela est d'usage, comme les plus honnêtes gens du parti trahi ; car dans les troubles civils on feint de croire que la vertu ou le scrupule fait le déserteur. »

« On crut devoir royaliser cette première génération. »

« Comme, à raison de l'habitude, aucun sujet ne se gêne

moins pour le ciel et pour les rois qu'un prébendé, la dispute s'échauffa tellement, que les champions se boxèrent d'importance sur le marbre du maître-autel ; et se distribuèrent largement des coups de pied, des coups de poing, et une grêle de soufflets. »

« Les différens partis qui brisaient les dernières planches du trône, n'étaient à ses yeux que les *tirailleurs* de son armée (en parlant de l'Anglais, *page* 4, *tome* II). »

« Quoique le dauphin (Charles VII) eût rassemblé comme il avait pu *les planches de son trône de campagne.* »

« Les plaines et les *collines* à inonder de sang humain. »

« Il y parut revêtu *du* dalmatique royal, *pag.* 79. Malgré *cette* intervale de temps, *pag.* 79. Il déchira son capuchon, elle déchira sa guimpe; on ne trouva pas ses raisons impertinentes. Boson l'avait prescrit dans son *bulletin officiel* (en 869) ; *comité révolutionnaire ; conseil des ministres; préalable ; passer à l'ordre du jour ; tribunal correctionnel,* toutes locutions inconnues au 9e siècle. »

Bien que l'auteur affirme, avec une ingénuité sans pareille, que *son récit est peu chargé de réflexions*, nous avons sous les yeux la preuve du contraire; j'oserai affirmer même, sans crainte d'être démenti, que son ouvrage est un véritable arsenal de projectiles philosophiques, lancés du foyer d'une imagination déréglée. Qu'on ne croie point que je sois arrêté, dans mes citations, par la disette de ses singulières réflexions, je ne le suis que par l'embarras du choix; le lecteur me saura gré de ma modération de ne lui citer qu'une bien faible partie des pensées, axiômes, saillies et autres gentillesses de l'auteur ; quel sera son étonnement si je puis lui prouver numériquement que la quantité s'en élève à 5920 ?

Voici comme je procède; il est constant que chaque période se termine par une réflexion tant bien que mal assortie à ce qui la précède, et en n'admettant que huit périodes et une pensée par période dans chaque page, c'est,

de compte fait, pour le premier volume, qui en contient 390, ... 3120.
et l'on voudra bien remarquer que je fais grâce du prospectus qui, envoyé en *tirailleur*, a préludé par un feu assez bien nourri. Pour le second volume, qui contient 350 pages, c'est, par le même calcul que ci-dessus, ... 2800.

Voilà bien, de compte fait, ... 5920 belles et bonnes pensées bien étoffées et conditionnées, qui entrent dans ce ballot littéraire, et qui, au besoin, pourraient servir d'entrepôt pour alimenter une encyclopédie à l'usage des philosophes et des libéraux, et former un manuel philosophique en *on* extrait de l'ouvrage :

« *On* fendit des ventres, *on* écrasa des têtes, *on* embrocha des corps vivans, supplices atroces que l'on ne répète que trop souvent dans les délires populaires ; *on* aggrave le sort des rois, afin de mieux transiger avec eux. » Cette maudite particule *on* est répétée jusqu'à satiété. Je fais grâce au lecteur des pensées qui commencent par *Il y a des gens qui ; Il y a de quoi; C'est ainsi que,* et autres locutions communes ; il m'a suffi de démontrer d'une manière péremptoire, par quelques axiômes généraux de la façon de l'auteur, et pris au hasard dans le nombre de 5920, que son récit n'est pas aussi peu chargé de réflexions qu'il le prétend. Je n'en finirais pas s'il fallait relever toutes les pensées, toutes les expressions que l'auteur a cru nous donner pour sublimes, et qui ne sont souvent que triviales, de *son aveu même.* Je ne crains pas d'assurer qu'en en présentant seulement quelques-unes, je donne un aperçu exact de l'ensemble de cette indigestion libérale. Si l'on pouvait se donner la peine de rassembler toutes ces maximes répandues à profusion dans les deux volumes, on serait étonné de les trouver identiques, et l'on recueillerait, par cette composition, l'idée dominante de l'auteur, et la véritable base de son système.

CONCLUSIONS.

Pour se faire une idée juste de la noblesse, il ne faut pas, comme la méchanceté et l'envie, la voir hors du cercle dans lequel la raison et l'opinion l'ont renfermée ; il faut la considérer dans la monarchie comme un des plus puissans ressorts du gouvernement. Montesquieu a parfaitement développé son principe, et, sur ce point, on ne peut qu'être d'accord avec Montesquieu.

Il n'y a qu'une véritable manière de concilier tous les sentimens à l'égard de la noblesse, c'est de se rattacher aux dispositions précises de la Charte qui a consulté les convenances, et s'est appropriée à l'état actuel des choses ; ce qui doit être très-facile puisqu'une noblesse dénuée de privilèges essentiels est une distinction qui devient la décoration de la race, comme une croix est la décoration attachée à la personne ; et partant de ce principe, les distinctions, ne portant nullement atteinte à la liberté des droits, et à l'égalité absolue devant la loi, ne peuvent qu'être enviées et recherchées par des Français pour qui l'honneur est tout ; et comme l'honneur est le motif et la cause déterminante des distinctions, car il faut bien épuiser la matière pour persuader des détracteurs si chatouilleux, on ne peut détruire les effets, sans détruire l'essence du principe.

Certains philosophes, qui font abstraction de l'article 71 de la Charte, pour l'observation de laquelle ils font des démonstrations si passionnées ; de cet article, dis-je, qui cependant est une condition *sine quâ non* de ce code fondamental, dans le dessein de ravaler la noblesse, coûte que coûte, prétendent et veulent faire croire qu'il n'y a de véritable noblesse que dans la chambre des pairs. Je présume, et je veux bien leur en faire honneur, qu'ils fondent leurs prétentions sur une phrase de Montesquieu ainsi conçue : *Dans les gouvernemens où il y a nécessairement des distinctions dans les personnes, il faut qu'il y ait des privilèges*. « Ainsi il n'y a que la chambre des pairs » qui ait des privilèges, donc la chambre des pairs consti» tue seule la noblesse. » Cela pouvait alors être vrai en principe, mais ce n'est plus maintenant juste en application. Le dilemme est vicieux parce qu'il pèche par le fond. Montesquieu entendait évidemment parler des privilèges fiscaux, et d'autres droits réels et positifs, l'exemption des charges, de la taille, des droits d'entrée, et autres, dont les pairs ne sont pas plus exempts que le dernier des citoyens, *puisqu'ils contribuent* indistinctement, *dans la proportion de leur fortune, aux charges de l'état* (1) ; mais non de simples droits de préséance ; des avantages dont le plus grand est sans contredit celui fixé par l'article 34 de la Charte, sont attachés à leurs personnes et non à leurs biens, qui sont au contraire pour le soutien et l'éclat de la pairie chargés de majorats composés de biens libres, et disponibles, suivant la loi, il est vrai, mais exigés par l'ordonnance du 25 août 1817. Ce n'est pas comme nobles que les pairs sont constitués, mais comme membres d'une portion essentielle de la puissance législative, selon l'expression de la Charte ; cela est si vrai que les titres de dignités dont ils sont revêtus en entrant en possession de la pairie, emportent implicitement la noblesse, parce qu'il est naturel que les membres les plus éminens de l'état jouissent d'une distinction accordée aux Français qui ont servi l'état par leur courage, leurs talens et leurs lumières, et que ces titres ils les partagent avec les autres citoyens. La pairie est censée devoir être la récompense insigne du mérite et des vertus sociales ; mais comme la noblesse est, dans l'ordre moral, ainsi que dans l'ordre politique, le premier degré pour parvenir aux titres de dignité, il s'ensuit que ce n'est pas la pairie qui constitue la noblesse, mais la noblesse qui est essentielle à la pairie.

La noblesse, dans tous les pays et dans tous les temps, dut

(1) Charte const., art. 2.

son origine à de grandes actions utiles à la masse du peuple; et comme ces actions sont produites par des sentimens qui dérivent de la vertu, les moralistes disent alors que la vertu est l'origine de la noblesse; aussi comme le peuple participe aux bienfaits de cette institution, je ne pense pas qu'il puisse être *mystifié*, parce que les Français prononceront avec orgueil les noms de Montmorency, de Biron, de Crillon, de Bayard, de Sully, de Colbert, de Charette, de la Roche-Jacquelein et de Cathelineau.

Des trois ordres qui, sous l'ancien régime, constituaient la nation française, celui de la noblesse fut toujours le plus imposant; on peut même dire que beaucoup de circonstances ont prouvé que, sans lui, la monarchie n'avait véritablement qu'une force d'emprunt. La noblesse était la force militaire de l'état; par son secours, le monarque venait aisément à bout du peuple, qui n'a jamais le même avantage sur les grands. Ce moyen de réprimer le peuple, qui se trouvait placé entre les mains des nobles, est peut-être la raison pour laquelle, dans les émeutes populaires, la première idée tend à égorger la noblesse.

La confusion et les désordres qui ont souvent résulté des atteintes portées à la noblesse, suffiraient pour démontrer, quand bien même la révolution ne l'eût pas fait péremptoirement, combien il est imprudent de changer brusquement l'ordre établi dans l'administration d'un grand empire. Dans une sédition arrivée à Capoue, le peuple s'était conjuré contre la noblesse; un de ses tribuns, nommé Calavino, qui redoutait les excès auxquels pouvait se livrer une populace déchaînée, employa un moyen fort ingénieux pour déjouer ses projets et arrêter sa fureur : il feignit d'approuver la résolution que le peuple avait prise de mettre à mort les sénateurs et les patriciens : « *Puisque vous êtes déter-* » *minés*, dit-il, *à les faire périr, il faut, à mon avis,* » *choisir les plus capables d'entre vous pour remplir* » *les charges qui vont être vacantes.* » Et nommant aussitôt

celui des sénateurs qui était devenu le plus odieux, « *Nous*
» *ferons d'abord*, ajouta-t-il, *mourir celui-là;* et le peuple
» s'écria *Oui; c'est bien fait! Mais*, dit le tribun, *qui met-*
» *trons-nous à sa place?* » Aussitôt tous les plus vils de la lie du peuple se présentèrent à l'envi l'un de l'autre, et se querellèrent à qui aurait la place. La même chose arriva à l'appel de tous les sénateurs, et bientôt il y eut, parmi les aspirans, plus de fureur et d'animosité les uns contre les autres, qu'on n'en avait montré contre les sénateurs et les patriciens eux-mêmes. Alors l'adroit tribun fit sentir à tous qu'il valait encore mieux conserver une classe privilégiée, que de vivre entre soi dans de perpétuelles rivalités.

En effet, comment croire à la possibilité de l'égalité positive parmi les hommes, lorsque, dans quelque gouvernement que ce soit, l'on voit toujours, d'un côté les dignités et les honneurs commander les hommages et le respect, et de l'autre les richesses être sans cesse les divinités auxquelles les hommes prostituent avec autant de bassesse que de lâcheté leurs droits primitifs, et le caractère sacré de parité qu'ils ont reçu de la nature, et que les philosophes prétendent être indélébile.

La propriété, qui est la base de toute société civilisée, est une chose tellement sacrée de sa nature, et qui doit être respectée par tous, que ce serait agir contre le droit naturel, que de vouloir établir la communauté des biens et l'égalité des rangs dans une société qui a assis la paix publique sur *le tien* et *le mien* et sur la subordination; l'une est aussi impraticable que l'autre; et en effet, qui est-ce qui a fait sentir aux hommes en société la nécessité d'un gouvernement? c'est l'égalité dont l'effet inévitable est la confusion: elle enflamme l'ambition, nourrit l'avarice, arme la vengeance, enfante l'oppression; c'est elle qui a commis le sort des peuples aux hasards des guerres intestines; la victoire des uns a fait l'esclavage des autres. Lycurgue, qui avait établi un gouvernement populaire, tiré les terres au sort, et banni l'or et l'argent de sa république, vécut assez pour voir l'illusion de son système, et la loi de l'égalité périt en naissant. A Rome, où le censeur Appius avait introduit l'égalité des rangs, on fut contraint de l'abolir, et ce fut à cette occasion que Fabius s'acquit le surnom de Maximus (1).

L'idée de l'égalité des biens et des rangs serait supportable, si la nature avait départi à tous les hommes une égale mesure d'intelligence, de mérite, d'industrie et de vertu; mais l'expérience de tous les âges a fait voir que la nature de l'homme a besoin du secours de l'éducation pour le détourner de la perversité vers laquelle il incline; c'est ce qui a fait dire à Sénèque : « Il est impossible que celui à qui la vertu plaît, plaise au peuple. »

En vain l'esprit philosophique voudrait nous ramener à l'esprit primitif des conditions, les hommes ne seront égaux qu'autant qu'ils vivront dans les bois. Dès qu'ils seront en société, il y aura des distinctions, une inégalité de partage des honneurs et des biens. La liberté (1) n'est ni dans l'égalité des biens, ni dans celle des rangs, ni dans celle des commandemens; les lumières, la sagesse, la prudence, les talens, l'encouragement des exemples dans les familles, les dons de la fortune, sont-ils départis à tous également? elle n'est que dans le pouvoir de jouir en sûreté des avantages naturels et civils que chacun peut posséder ou acquérir.

La politique du despotisme fut de tous temps et en tous lieux d'égaliser les hommes, et, pour ne rencontrer aucune résistance, d'effacer les distinctions de naissance, d'abattre les corps, les classes, les ordres et les castes.

« Une monarchie ne peut se composer d'un roi et de plusieurs millions de citoyens égaux. Formée de ces deux seuls élémens, elle offrirait l'union forcée de la royauté et de la démocratie, et de ces deux formes de gouverne-

(1) Extrait des idées de Grotius sur le gouvernement harmonique.

ment mal combinées, l'une nécessairement absorberait et anéantirait l'autre. L'excellence de la monarchie mitigée consiste essentiellement en ce qu'elle est une forme mixte composée des trois racines primordiales de tout gouvernement, qui sont la démocratie, l'aristocratie et l'autocratie. La souveraineté n'y appartient ni au peuple, ni aux nobles, ni au roi : elle reste indivise entre ces trois pouvoirs réunis, sans séparation ni partage. Si l'on supprimait, par l'abolition de la noblesse, le lien qui unit la démocratie à la royauté, on détruirait ce gouvernement si bien combiné, et on laisserait l'état suspendu entre les deux précipices de l'anarchie et du despotisme (1). » La charte, en rétablissant la noblesse, n'a fait que rétablir un des grands ressorts qui donnèrent à notre antique monarchie le mouvement et la vie. Cette noblesse, si altière sous le régime féodal, et qui, sous Louis XIV, produisit une foule de héros, est aujourd'hui dirigée vers son véritable objet.

Dans un état républicain, toute prééminence héréditaire y détruit l'égalité, rompt la chaîne politique, et divise les citoyens, qui ont un droit égal aux premières dignités.

Dans un gouvernement monarchique, les grands, revêtus de l'autorité, l'exercent quelquefois dans toute sa force, mais ne la possèdent point de droit, ni de fait. C'est par eux qu'elle passe, c'est en eux qu'elle réside ; ils en sont comme les canaux ; c'est le prince qui en ouvre et en ferme la source, la divise en ruisseaux, en observe ou dirige le cours. Les grands, comblés d'honneurs et dénués de force, représentent le monarque auprès du peuple, et le peuple auprès du monarque. S'ils se montrent sujets fidèles et jaloux de la gloire de leur patrie, ils seront les points d'appui des forces de l'état, les liens de l'obéissance et de l'autorité.

---

(1) Essai sur la noblesse, par d'Escherny.

Il est de l'essence d'un gouvernement bien constitué de n'être qu'un, et que toutes les parties qui le composent ne forment qu'un tout solide et compact. Or, la position des nobles dans un état monarchique sert merveilleusement à établir et à conserver cette harmonie. Lorsque la plénitude de l'autorité réside dans un seul, toute la puissance du souverain est dans la richesse, le bonheur et la fidélité de ses sujets. Le prince, dans un gouvernement monarchique constitutionnel, ne doit et n'a aucune raison de surprendre le peuple, le peuple n'a aucune raison de se défier du prince. Les grands ne peuvent servir ni trahir l'un sans l'autre. Premiers sujets, ils sont esclaves si l'état devient despotique; premiers citoyens, ils rentrent dans la foule si l'état devient républicain. Ils tiennent donc essentiellement au prince par leur supériorité sur le peuple, ils tiennent au peuple par leur dépendance du prince, et par tout ce qui leur est commun avec le peuple, liberté, propriété, sûreté. Ainsi les grands sont attachés à la constitution monarchique par intérêt et par devoir, deux liens indissolubles lorsqu'ils sont entrelacés.

L'harmonie est rompue si les grands usurpent au détriment de l'autorité souveraine, l'autorité qui leur est confiée. L'état alors se remplit de troubles, de factions; le pouvoir est divisé, et il en résulterait les plus grands malheurs si une main ferme et vigoureuse ne venait rétablir l'équilibre. Telle était la position de la France, lorsqu'un génie vaste et audacieux (1), ressaisissant l'autorité que des mains infidèles avaient détournée, ramena les grands sous l'obéissance des rois, et plaça les peuples sous la protection de la loi. L'histoire lui reprochera toujours trop de rigueur dans l'exécution de son plan, sa tyrannie, ses exactions envers les grands. Ces torts ne peuvent être atténués que par la difficulté de sa position, et par l'extension d'un pouvoir dont les hommes sont naturellement portés à abuser.

(1) Richelieu.

Mais combien de moyens les rois n'ont-ils pas eus pour paralyser l'ambition des nobles? Le principal était de diminuer l'effet de leur pouvoir en les appauvrissant, soit en les attirant à la cour, en faisant briller à leurs yeux l'éclat des honneurs, de dignités purement onéreuses; soit en leur confiant des ambassades lointaines dans lesquelles, en soutenant la dignité de leurs maîtres, ils trouvaient souvent plus de gloire que de profit, ce qui faisait dire avec raison à François Ier que quand les grands de son royaume arrivaient à la cour, on les recevait comme des petits rois, que le lendemain on les regardait comme des princes, mais que le troisième jour ils n'étaient pas plus considérés que de simples gentilshommes, se trouvant confondus avec les autres dans la foule des courtisans.

Qu'on jette les yeux sur toute l'antiquité, on verra que les grandes monarchies ont toujours été héréditaires. L'hérédité est une barrière qui arrête les troubles inséparables de l'incertitude d'un successeur, le danger de l'anarchie, les cabales des différens prétendans. En général, dans un état où l'hérédité à lieu, la royauté est soutenue par ceux mêmes qui la détruisent dans un état électif. Dans l'un, on a seulement un maître; dans l'autre tous les seigneurs aspirent à l'être, et veulent d'avance en usurper les droits. Les peuples doivent nécessairement en souffrir. On peut donc dire que l'hérédité est un obstacle insurmontable aux prétentions de la noblesse, qu'elle l'enchaîne et la lie de toute nécessité au pouvoir royal.

Ce n'est point un nouveau trône qui s'établit à chaque génération, c'est le premier trône, c'est-à-dire, la monarchie légitime, qui reste immuable au milieu de la destruction successive des membres de la race à laquelle il appartient. Nous y sommes liés par le contrat solennel que nos pères ont signé, que nous avons reçu d'eux sous la garantie du serment, comme une convention sacrée et irréfragable, perpétuellement obligatoire; car on ne peut nier que la souveraineté ne soit et ne doive être un véritable mojorat par essence, qui ne peut s'éteindre que lorsqu'il n'existe plus aucun membre de la race titulaire appelée à la recueillir; et puisque, dans une pareille matière, on pousse l'oubli des principes jusqu'à invoquer le fait au lieu du droit, le droit et le fait se trouvent présentement confirmés par la force des armes qui a consacré à tout jamais les principes de la légitimité. Ainsi, lorsque la perpétuité de la succession au trône est établie suivant l'ordre de primogéniture, il n'y a plus de guerres civiles à craindre à ce sujet.

Si tous les rois, à l'exemple de Porsenna, roi des Clusiens, qui prit les armes en faveur des Tarquins chassés de Rome, eussent dès le principe entrepris de défendre la cause de la maison de France, non-seulement ils auraient fait une chose juste, en regardant son expulsion comme une injure faite à tous les rois, mais ils eussent connu leurs véritables intérêts, et la révolution française eût été anéantie.

Discutons le grand argument que les libéraux se plaisent à répéter jusqu'à satiété. Un homme vaut un autre homme. Nul doute, quant aux droits de la nature:

» Les mortels sont égaux; ce n'est pas la naissance,
» C'est la seule vertu qui fait la différence,

a dit un poète célèbre, et c'est précisément cette vertu, le plus bel apanage de l'humanité, qui dans le principe a dû, sans porter atteinte aux droits de la nature, constituer la base de cette institution, de cette différence sociale qu'on appelle noblesse; et, comme le dit Cicéron : *nobilitas nihil aliud est quam cognita virtus*. Qui a jamais contesté, même, qu'un bon laboureur ne soit plus estimable qu'un noble inutile à son souverain et à son pays? Comme nous nous acquittons, dit La Motte, par notre estime envers la vertu des ancêtres, nous payons aussi d'un égal mépris l'indignité des descendans; mais ce n'est pas là la question.

Jean Baill, prêtre anglican, étant à Blanchéu, suivi de dix mille hommes et prêchant contre la noblesse, commença ainsi sa prédication :

« Quand Adam mangea la pomme,
» Où était le gentilhomme ? »

Tous les factieux se ressemblent.

On a poussé le fanatisme de l'égalité jusqu'à descendre aux plus sottes plaisanteries, pour prouver que le sang d'un gentilhomme et celui d'un roturier étaient de même substance. Voici la manière dont s'égaie le philosophiste qui a eu cet effort d'*imaginative* :

« Un seigneur allemand suivait à Berlin un cours de chimie ; un jour qu'il s'y rendait, sa voiture versa ; il reçut, ainsi que son cocher, un coup assez violent pour que tous deux fussent obligés de se faire saigner. Le noble germain conçut aussitôt l'idée de profiter de cet accident pour savoir si le sang d'un gentilhomme différait de celui d'un roturier. Il envoya séparément au démonstrateur le produit des deux saignées, en le priant d'en faire l'analyse comparative. Le chimiste y mit un soin scrupuleux, et trouva que les deux sangs contenaient la même quantité de fer, de chaux, de magnésie, de phosphate de chaux, d'albumine, de muriate de potasse et de soude, de sous-carbonate de soude, de sulfate de potasse, de matière muco-extractive et d'eau ; la quantité d'eau était de deux centièmes plus forte dans le sang du seigneur ; » ce qui aurait été à l'avantage du cocher, si cette légère différence pouvait entrer en ligne de compte.

Voilà, assurément, un gentilhomme allemand bien bête ; et beaucoup de science et d'érudition pour dire une sottise ; l'esprit de parti ne connaît point de bornes.

« Respecter un imbécille (1), parce qu'il compte une longue suite d'aïeux, est assurément, aux yeux de la rai-

(1) D'Escherny.

son, une chose absurde ; cependant, ce respect est un des plus solides fondemens de l'ordre social. L'homme se soulève à l'idée de plier devant un personnage nul, qui n'a pour lui que l'avantage de la naissance ; le philosophe portant sa vue un peu plus loin, admire et se prosterne. Dans cet hommage qui, au premier coup-d'œil, paraît ridicule, il n'aperçoit rien moins que le gage de sa sûreté, de sa liberté et de sa tranquillité. Substituez le mépris à l'hommage, et vous irez ainsi d'irrévérence en irrévérence jusqu'au dignitaire qu'on appelle roi ; et alors, la société civile n'existe plus, elle est dissoute. »

Quel fut le principe de la mauvaise humeur qui animait les philosophes du dix-huitième siècle contre les distinctions du rang et de la naissance? ce fut l'envie. Ils ne se contentèrent pas de vouloir détrôner l'Eternel ; ils firent la guerre aux souverains pour donner au peuple la liberté de l'anarchie ; ils surent même, à la honte des grands qu'ils dénigraient, s'en faire des prosélytes, et ce serait peut-être ce que l'auteur que je réfute aurait pu employer de plus fort pour décrier la noblesse, que de citer les grands noms qui ont été les déserteurs de leur propre cause, et les agens involontaires, sans doute, des maux qu'a entraînés la révolution.

Tels étaient l'aveuglement et le délire de quelques seigneurs engoués de ces prétendus philosophes, qu'ils riaient les premiers des sarcasmes de ces parasytes *révolutionnaires* qu'ils recevaient à leurs tables. Le mépris des personnes devait bientôt succéder au mépris des convenances, et la haine remplacer le mépris : si la parité absolue eût existé dans l'ordre de la noblesse, si un noble eût valu un autre noble, si l'on n'y eût point établi, impolitiquement, des distinctions injurieuses, il y eût eu plus de cet esprit qui cimente les institutions ; si des membres de la noblesse, parés du titre de grands seigneurs, oubliant que Henri-le-Grand se glorifiait du simple titre de gentilhomme, et prenant pour une supériorité de droits une prééminence due à leurs rangs et à leurs charges à la cour, n'eussent point cherché à humilier des gentilshommes de province qui, souvent, valaient mieux qu'eux, en les tenant à une distance qui n'avait d'autre but que de les ravaler, il y eût eu plus de cette union et de cette émulation si nécessaires au maintien et à la gloire d'une institution. En fait, dans un état essentiellement constitué en monarchie, le roi est à proprement parler et doit être le seul grand seigneur; c'est lui qui rapproche et confond tous les états. Sous les règnes des princes pendant lesquels la morale et les principes monarchiques furent relâchés, l'opulence, ce gage de l'indépendance et du crédit, se plaça volontiers de sa propre autorité à côté de la haute naissance; c'est ce qui est arrivé sous la régence et sous le règne de Louis XV, époques fatales à l'honneur et à la morale. En effet, dans un état où les mœurs sont dissolues, il n'y a que les richesses qu'on estime, parce qu'elles procurent positivement ce qu'on recherche, les moyens de corruption.

Il faut placer la noblesse au premier rang des préjugés utiles, et en tout éviter l'esprit de système qui égare au lieu de guider. La perfectibilité humaine et l'égalité absolue sont des chimères méprisées par les politiques, et sorties du cerveau de quelques philosophistes insensés qui ne voient les hommes qu'à travers le prisme d'une imagination déréglée. S'il y a eu quelquefois de méchantes gens parmi les nobles, doit-on les envelopper pour cela dans un anathême général? Un homme juste et impartial ne mettra pas sur le compte d'une société entière, les fautes d'un individu; il saura établir une équitable distinction entre l'abus des choses et leur usage légitime, entre des sentimens raisonnables et des opinions exagérées. Détruire une bonne institution parce qu'elle a des inconvéniens, c'est imiter cet hetman des Cosaques, qui conseillait à l'impératrice de Russie de faire tuer toutes les femmes suédoises afin que les Suédois, ne pouvant plus avoir d'enfans, la Russie n'eût plus de guerre à craindre avec la Suède.

Un de nos rois, à qui l'on présenta, pour une charge, deux compétiteurs, dont l'un était gentilhomme, et l'autre ne l'était pas, ordonna que, sans égard pour la noblesse, on la donnât à celui qui serait trouvé le plus capable de la remplir; mais que si leur mérite était égal, on eût égard à la noblesse. Cette sage décision donnait précisément à la noblesse ce qui lui était dû, la préférence.

L'évêque de Senez disait avec une piété évangélique: On doit aux grands la préférence des égards, aux pauvres la préférence des sentimens.

L'ancienne noblesse, d'ailleurs, à qui l'on reproche d'*accaparer* toutes les places, était loin de posséder le domaine exclusif des charges et des emplois (1). Cette assertion est démentie par les faits. Les belles places d'intendans de province qui étaient le point de départ des grandes dignités, n'étaient presque jamais occupées par des nobles. Feindrait-on d'ignorer que Michel de l'Hôpital, fils d'un médecin, et petit-fils d'un juif d'Avignon, devint chancelier de France; que Jacques Amiot, fils d'un boucher, fut successivement précepteur des enfans de France, grand-aumônier évêque d'Auxerre, et chevalier de l'ordre du Saint-Esprit; qu'Abraham Fabert, fils d'un libraire, est mort maréchal de France, et gouverneur de Sedan; que Jean Bart, fils d'un pêcheur, est devenu chef d'escadre? On sait enfin qu'une foule de grands hommes, sortis de la classe du peuple, ont anobli leur origine, et ont parcouru avec gloire la carrière brillante des dignités et des honneurs.

« Le fanatisme de l'honneur se concilie parfaitement avec l'amour de la patrie et de la liberté, et peut en fortifier merveilleusement tous les ressorts. Ce nouveau fana-

---

(1) *Voyez* le discours du chancelier de l'Hôpital aux états généraux de 1560.

tisme ne s'est transplanté dans les Gaules avec les mœurs et les coutumes de ses agrestes conquérans, les Francs et les Sicambres, que pour y acquérir, par les institutions de la chevalerie et de la féodalité, un nouveau degré d'énergie et d'activité. Le ressort de l'honneur devint tout-puissant en France. C'est par la noblesse, surtout, que l'honneur fut cultivé, et produisit des actions dont la sublimité s'égale à celle des plus beaux traits de l'histoire grecque et romaine. Honneur et noblesse étaient devenus synonymes pour des Français; honneur et noblesse étaient pour eux une seule et même idée; détruire la noblesse en France, c'était briser le ressort de l'honneur; c'était anéantir la seule espèce de fanatisme qui pût y élever les sentimens et les courages, y disposer aux sacrifices, aux actions magnanimes, enfin à la vertu. »

L'honneur s'enfuit avec la dépravation des mœurs et des principes. Si on eût ôté à la noblesse le mobile puissant de l'honneur, on lui eût ôté sa vie réelle, son existence politique. Le goût qui attirait la plupart des nobles au service était uni avec l'honneur qui devait les y retenir. L'honneur était donc l'unique compensation de bien des sacrifices dans un pays où la carrière des armes n'était point celle de la fortune (1), où les appointemens n'étaient point assez forts pour dispenser l'officier de la nécessité de se ruiner, ni les retraites assez considérables pour lui assurer du pain quand il aurait consumé son patrimoine. L'état trouvait alors, dans le désintéressement de la noblesse, un avantage réel pour ses économies financières, et l'exercice d'une charge, qui, par le fait, ne pesait pas sur l'universalité des Français, et dont l'exemption laissait un libre cours aux autres professions industrielles. La profession des armes, limitée à une classe de la société, n'était point

(1) Je n'étais pas financier, dit le militaire, je n'ai pas acquis des richesses, mais de l'honneur.

l'objet d'une ambition universelle, et l'on a vu les conséquences qui devaient naître d'un goût devenu si général.

Si les fiers Germains, si les braves Gaulois, dont l'heureux mélange nous a fait naître, ont montré tant de valeur, ils avaient un intérêt personnel et pressant qui les portait à se battre, et ils auraient pu se passer d'honneur; les premiers, sortis d'un pays qui ne pouvait plus les contenir, n'avaient que leur épée pour pénétrer dans d'autres contrées; les seconds, attaqués dans leurs foyers, ne pouvaient conserver leurs possessions et leur liberté qu'en risquant leur vie; le Français, qui se glorifie de cette double origine, n'avait aucune de ces raisons pour se faire tuer; au lieu d'étendre ses possessions par la noble profession des armes, il entamait sa vigne et son pré; loin de défendre sa propriété qui n'était point attaquée, il la perdait en embrassant l'état de guerrier. De tous les sujets du roi, il n'y avait que lui qui vécût dans une continuelle dépendance dont le préjugé le dédommageait. Si l'on eût affaibli ce sentiment, l'on n'aurait trouvé que des mercenaires qui auraient fait un véritable trafic de la plus noble des professions. La noblesse n'avait pas d'autre état chez les Gaulois que celui des armes (1); dépouiller cet état de son principal mobile, l'honneur, c'eût été établir dans la plus noble monarchie, un état dénué de noblesse, de sentimens et d'énergie.

Il est étonnant de voir encore des hommes infatués des chimères d'une égalité absolue, et imbus des principes d'une liberté désorganisatrice proclamés par les coryphées de la philosophie moderne, s'ériger en juges d'une institution qui a traversé tant de siècles, qui a résisté à tant d'orages.

---

(1) Il n'y a rien que l'honneur prescrive plus à la noblesse que de servir le prince à la guerre; en effet, c'est la profession distinguée, parce que ses hasards, ses succès et ses malheurs mêmes conduisent à la grandeur. (*Montesquieu.*)

Il faut que la révolution ait bien faussé leur jugement et corrompu leurs cœurs, pour les empêcher de voir, dans la noblesse, ce qui y est et doit y être réellement, le principe de l'honneur. Q'est-il résulté de leurs intentions? des allégations et non des preuves : ils ont compilé, dans nos historiens, des faits isolés qu'ils arrangent à leur manière, et tout leur travail indigeste se réduit à nous démontrer que la mauvaise foi est leur tactique habituelle, et que tous leurs raisonnemens ne sont que des lieux communs, des abstractions et des sottises. Détracteurs des institutions cimentées par le temps et l'expérience, est-ce le nom de noblesse qui vous effarouche et vous inquiète? substituez-y d'autres distinctions, d'autres honneurs ; quel que soit le nom, vous en serez toujours jaloux.

L'écrivain, guidé par l'amour de la vérité, en traçant le tableau des excès auxquels peut se livrer dans le fort des guerres civiles une populace en fureur, atténue du moins tout ce qu'il présente d'odieux par des traits d'héroïsme ou de générosité qui font honneur à ce peuple égaré; il repose ainsi son ame fatiguée des horreurs commises par le délire, et replace l'homme dans cette situation qui ennoblit son caractère; mais l'auteur ne fait aucune exception, et enveloppe les nobles indistinctement dans un anathême général.

Ainsi, Duguesclin, que les ennemis honorèrent au point de déposer sur sa tombe les clefs d'une ville qu'il assiégeait; La Trémoille, que Guichardin appelle le plus grand capitaine du monde, et dont la gloire remplit les règnes de Charles VIII, Louis XII et François Ier, aussi fidèle à Louis, qu'il avait fait prisonnier à la bataille de Saint-Aubin du Cormier, qu'il l'avait été à Charles VIII, son souverain légitime; Bayard, qui mourut aussi glorieusement qu'il avait vécu; Gaston de Foix, qui scella de son sang la gloire des armes françaises; Lesdiguières, resté fidèle à son roi, et refusant avec indignation les offres avantageuses qui lui furent faites du commandement général des armées calvinistes, et de cent mille écus par mois; Turenne, qui refusa également cent mille écus qui lui étaient offerts, pour l'engager à ne pas passer dans une ville neutre, et qui termina, à Salsbach, une vie pleine de talens, de modestie et de vertus; Brissac, qui sauva l'honneur de la nation en présentant les clefs de Paris à son légitime souverain; La Noue, qui dissipa son patrimoine pour seconder la cause de son maître; le président Duranti, victime de sa fermeté, et dont le cadavre fut enveloppé dans la toile qui retraçait le portrait de son roi, hommage rendu par ses assassins mêmes à sa fidélité; ce Villars, dont la tactique savante contribua à affranchir son pays du joug de l'étranger, étaient tous des chevaliers déloyaux et infidèles?

Ainsi, Boucicaut, le vainqueur de Gênes; La Trémoille, tué à Pavie; Rohan expirant à Rhinfeld; François, duc de Guise, qui défendit si vaillamment la ville de Metz contre les efforts des armées formidables de Charles V; le brave Crillon; Luxembourg forçant les ennemis à admirer ses talens, sa présence d'esprit et sa bravoure; Duquesne, du Guai-Trouin, l'effroi et la terreur des escadres anglaises; le maréchal de Schomberg qui fit lever le siège de Leucate, après avoir forcé les lignes ennemies, et déployé le courage qu'on a droit d'attendre de la plus vaillante noblesse; le comte de Guébriant, célèbre par la vigoureuse défense d'Aire; le maréchal de Bervick, victime de son courage au siège de Philisbourg; le comte de Plélo, ambassadeur de France en Danemark, jeune officier animé des sentimens les plus héroïques, indigné de la retraite des Français devant Dantzick, et résolu de placer Stanislas sur le trône ou de mourir, exécutant son noble dessein à la tête de 1500 volontaires qu'il lève à la hâte, et mourant de la mort des braves, en forçant le camp des Russes qui fuient devant lui, croyant voir l'ombre de Charles XII; Montcalm, versant un sang précieux à la patrie dans des climats étrangers, étaient des chevaliers lâches et félons?

Ainsi, d'Assas, expirant sous les baïonnettes ennemies à Clostercamp; Desilles couvrant de son corps le canon dirigé contre des Français; Dampierre massacré sous les yeux du roi, à son retour de Varennes; La Roche-Jacquelein, fier, impétueux, ne respirant que la gloire de son pays et l'amour de son roi, expirant aux champs de la Vendée, vous tous, victimes illustres, que le fer à moissonnées à Quiberon, vous fûtes les ennemis de votre roi, des traîtres vendus à l'étranger? Ombres sacrées, le respect, le souvenir de la postérité, votre immortalité, tout vous défend contre la calomnie.

Mon intention, je le répète, a été moins de défendre la noblesse contre les attaques injustes que lui livre l'envie, que de combattre des propositions erronées, et des maximes dangereuses retranchées derrière la masse des invectives lancées indistinctement contre des hommes qui n'ont rien de mieux à faire que de les mépriser.

Ainsi, en dépit des mille et une assertions de l'auteur, nous resterons convaincus que la noblesse est, dans une monarchie, une institution grande, utile, appropriée à sa véritable essence; que, loin de chercher à renverser le trône, la noblesse a souvent été, dans les grandes tourmentes de la monarchie, l'ancre de salut de l'état; que les entreprises de la noblesse ont au contraire servi de contre-poids aux entreprises du trône, et concouru à sa stabilité, en empêchant que la monarchie ne dégénérât en despotisme.

L'auteur a dit, *pag.* 5 de son prospectus: « Il faut qu'il » sache encore (le peuple) que des fractions plus ou » moins grandes de la noblesse ont introduit dans la » France les ennemis extérieurs; que des provinces ont été » livrées par elles, qu'elles ont porté les armes contre la » patrie, et enfin qu'elles ont été continuellement en-

» guerre contre le trône. » Ah ! du moins, on ne l'accusera pas d'avoir contribué à la plus épouvantable des catastrophes, celle enfin qui a mis le comble à tous nos maux. Plus prudent que l'auteur, et plus ami de mes concitoyens, je ne me plairai point à dire ce que l'impitoyable histoire redira aux races futures; et, plus porté à excuser des insensés qu'à les absoudre, je ne leur reprocherai point, avec une sanglante ironie, des malheurs qu'ils ont payés si chèrement.

Nous resterons convaincus que l'auteur a fait une mauvaise histoire de France, pour avoir l'occasion de dénigrer la noblesse; et que, dans ce but unique, s'embarrassant peu des contradictions qui se trouvent dans ses assertions, il met sur le compte de la noblesse des faits dus à des intrigues particulières, des faits auxquels elle n'a souvent eu aucune part, ou dans lesquels elle a joué un rôle très-secondaire.

Nous resterons convaincus que l'auteur n'a pas lu les trois quarts des auteurs qu'il cite, et qu'il a lu les écrits intitulés : les *Crimes des Rois*, les *Crimes des Reines*, les *Crimes des Maires*, les *Crimes des Nobles*, qu'il ne cite pas, et que son long commentaire ne peut rien ajouter à leur mérite.

Nous resterons convaincus que l'auteur nous a donné pour des vérités absolues, et pour des choses jugées, des points historiques douteux ou contestés; que l'esprit d'impartialité ne le distinguait pas assez pour l'engager à traiter un pareil sujet ; que ce n'était ni le temps ni le lieu ; que son ouvrage ne peut séduire que des sots, et non cette classe de lecteurs qui sont à même par leurs lumières de discerner le vrai d'avec le faux, les assertions hasardées d'avec les invectives.

Bien que l'auteur nous assure *que la récompense d'un si laborieux travail ne peut être que celle de voir désormais le noble et le plébéien, oubliant les injures, les récriminations, les préventions et les vengeances mutuelles, vivre dans un parfait accord, pour l'intérêt de la gloire et de l'honneur français*; nous sommes convaincus qu'il aurait pu employer d'autres moyens pour parvenir à ce but si désiré; le meilleur moyen, sans contredit, eût été de garder le silence.

Comme tout Français animé de l'amour de son pays est appelé à combattre ce qui peut porter atteinte à sa tranquillité, au maintien de l'ordre, de la morale et des principes, j'aurai rempli une tâche utile si j'ai battu en brèche tout l'échafaudage des faits opposés à la vérité et à l'esprit de l'histoire, les pensées, les locutions contraires au bon sens et au bon goût. Je ne crains pas du moins qu'on puisse suspecter mes intentions; je crois avoir, par cette analyse équitable, réduit la question à ses vrais principes et à son exacte expression. La raison seule m'a prêté des armes; avec elle il est facile de repousser les objections, les calomnies et les injures passées, présentes et à venir, dont les élèves de la philosophie moderne, ces génies spéciaux et demi-savans, qui prétendent régenter les peuples et les rois, se font une douce jouissance de l'accabler dans leurs pamphlets. Il ne s'agit que de vouloir, pour les convaincre d'imposture.

Je termine cette Réfutation : empruntant les paroles du chancelier de l'Hôpital, dans son discours aux états généraux tenus à Orléans, en 1560, je dirais à la noblesse : « Considérez les avantages de votre institution, non pour vous en enorgueillir, car vous ne devez jamais oublier ce dire d'un ancien philosophe, qu'en faisant attention à la durée des siècles et aux vicissitudes des choses humaines, il n'y a pas de roi qui ne descende d'un esclave, et point d'esclave qui ne descende d'un roi; mais pour mieux sentir toute l'étendue de vos obligations, et vous attacher davantage à la conservation de l'état.

» Enfin je dirais à ceux qui ne jouissent point des avantages de l'article 71 de la charte, comme le chancelier disait au tiers-état : De quoi vous plaignez-vous, et que manque-t-il à votre bonheur ? vous avez en partage l'agriculture, la plus noble de toutes les professions ; celle qui donne et les profits les plus certains, et les plaisirs les plus innocens. Les plus grands hommes de l'antiquité en faisaient leurs délices. Arrachés quelquefois de leurs champs pour exercer les premières magistratures, et prendre le commandement des armées, on les y voyait revenir avec empressement, et tenir d'une main triomphale le manche de la charrue.

» Le commerce est pour vous une source de richesses, qui vous procure tout à-la-fois les commodités de la vie, et une considération indépendante de toute convention. L'exercice des arts rend toutes les autres classes tributaires de votre industrie : que vous importe qu'il y ait dans l'état deux ordres plus honorés que le vôtre, puisque d'un côté ils ne peuvent se passer de vous, et que de l'autre les portes vous sont ouvertes aux honneurs et aux premières dignités? car il n'y a personne parmi vous qui, par ses talens, ne puisse s'élever à l'épiscopat, aux premières magistratures et au commandement des armées.

» Si donc chacun de nous connaissait mieux les avantages de sa position, s'il songeait plus à en tirer parti qu'à envier celle des autres, à faire lui-même le bien qui est à sa portée, qu'à blâmer ceux qui ne le font pas, la concorde se rétablirait promptement parmi nous, et, nous portant un mutuel secours, comme membres du même corps politique, nous serions moins embarrassés à réprimer les séditieux. »

FIN.

Notes historiques et justificatives.

(*Page* 2.) Certains écrivains, imbus des principes de Voltaire, mais dépourvus de ses talens, se sont constitués ses *crieurs*. Ils ont l'impudence de débiter ses maximes dangereuses sans en sentir les conséquences, et n'ont d'autre but que d'insulter à la religion et aux institutions reçues. J'ai lu dans une brochure nouvelle ces étranges propositions que « combattre la religion catholique, c'est à l'exemple de » Calvin combattre en faveur des bonnes mœurs ; qu'il faut bien se » persuader que le christianisme, tel qu'il est interprété, ne saurait être » la base du bonheur temporel des individus, ni surtout de la prospérité » des peuples ; que nous ne pouvons concorder avec le prêtre qui con- » corde avec l'inquisition. » Qu'ils sont à plaindre ces esprits inquiets qui n'ont d'autres ressources que de combattre les fantômes de leur imagination déréglée ! mais puisqu'ils professent un respect de circonstance pour la Charte, ils devraient réfléchir avant d'émettre des opinions si contraires à l'esprit des articles 5 et 6 qui y sont renfermés, et ne pas se presser de témoigner si haut leur irréligion et leur intolérance. On peut, sans professer des principes ultramontains, concilier les libertés de l'église gallicane avec la déférence que l'on doit au chef visible de l'église, et reconnaître sa suprématie sur le spirituel et non sur le temporel. En effet la liberté de l'église gallicane, suivant l'expression du célèbre jurisconsulte Pithou, peut compatir avec la dignité du Saint-Siége, et ne sont pas deux choses contraires l'une à l'autre ; elles sont toutes deux légitimes, et cette proportion maintient l'église et en retranche l'hérésie. Voilà comme il faut raisonnablement entendre la liberté de l'église gallicane ; et non comme une rébellion ouverte aux lois de l'église, ce que n'ont jamais prétendu déclarer les écrivains célèbres qui ont défendu les prérogatives des rois et les lois du royaume. On peut sans déroger aux droits de l'égalité devant la loi, approuver des distinctions utiles au soutien et à l'éclat de la monarchie. J'ai donc raison de dire que les déclamations de ces philosophistes contre la religion et tout ce qui ne descend pas jusqu'à eux, tendent au même but. Tous les gens sensés devraient sévir contre cette tourbe d'apprentis politiques, entre les mains desquels la philosophie moderne et des professeurs d'athéisme ont remis des armes à deux tranchans, que tôt ou tard leur imprudence ou leur maladresse leur rendra fatales.

Page 6 (sans teinte de féodalité).... Toutes les déclamations ou sorties ridicules contre la féodalité ne sont que de vains mots, ou de véritables prétextes de troubles : que reste-t-il en effet du système féodal, dont on ne peut faire peur qu'à des imbécilles? Voltaire lui-même avouait qu'il était aboli depuis long-temps en France, et qu'il n'en existait plus qu'un vain simulacre dans la pairie. Amis du scandale, soyez d'accord avec vous-mêmes, si vous croyez à votre saint. Ce qui constituait la pairie sous le régime féodal s'étendait à l'infini; car lorsque les seigneurs eurent assuré l'hérédité de leurs fiefs, tous ceux qui relevaient immédiatement du roi furent également pairs; et, du temps où s'exprimait Voltaire, la pairie était limitée à un petit nombre de possesseurs en titre héréditaire. — Remontons au principe: une grande partie des terres du royaume furent originairement baillées à titre de fief par une concession générale, ensuite de laquelle les arrières - fiefs se sont formés. Quelles étaient les conditions attachées dans l'origine à cette concession? le service militaire, la foi et l'hommage, et autres choses qui sont une suite du droit féodal; c'est l'opinion de Fauchet dans ses Antiquités Françaises. Les barons menaient les châtelains à la guerre, et les châtelains menaient les hommes libres, et non attachés à la glèbe; c'était un service militaire régulier, qui devait être alors essentiel au soutien de la monarchie : puisque c'était la seule manière de former des armées, et que des forces permanentes et réglées n'étaient point encore instituées. Mais lors de la formation de ces dernières, le système féodal a été attaqué et ruiné dans ses élémens constitutifs. Vous qui vous écriez sans raison, craignez-vous de voir revivre le droit de déshérence dont jouissaient les seigneurs hauts-justiciers? depuis long-temps cette coutume était abolie. Croyez-vous *franchement*, que le droit d'aubaine sur la succession d'un homme expatrié ou condamné à mort puisse se renouveler au 19e siècle? c'est une folie qui ne peut servir de texte qu'à de sottes et ridicules déclamations. Depuis long-temps les propriétaires de fiefs ne jouissaient que de simples droits honorifiques et de préséance, de cens et de rentes foncières, dites seigneuriales, dont la propriété était fondée sur des cessions faites par actes authentiques et existans. « Heureusement, *dit le président Hénault* dans son *Abrégé Chronologique*, ces temps ont bien changé : » le nom de fief est resté, mais la chose est presque détruite; et hors » la prestation de foi et hommage, qui n'est plus qu'un vain nom, et » quelques droits qui sont dus aux suzerains, on n'aperçoit plus guère » de différence entre les fiefs et la roture. » Voilà, il faut en convenir, un texte bien usé pour d'insipides commentaires.

De l'Imprimerie de Plassan, rue de Vaugirard, n° 15.

www.ingramcontent.com/pod-product-compliance
Lightning Source LLC
LaVergne TN
LVHW020334230826
846091LV00003B/870

* 9 7 8 2 0 1 1 7 5 6 9 3 0 *